Vorwort

Liebe Schülerinnen und Schüler,

herzlich willkommen im Arbeitsheft **Leseflüssigkeit**!

In diesem Heft könnt ihr das flüssige Lesen üben. Es hilft euch, besser, sicherer und schneller zu lesen.

Das Heft besteht aus drei Teilen:

- **Check-in**: Am Anfang macht ihr einen kurzen Eingangstest. So seht ihr, wie gut ihr schon lesen könnt.
- **Training**: Im Anschluss gibt es viele Übungen. Damit trainiert ihr eure Leseflüssigkeit Schritt für Schritt.
- **Check-out**: Am Ende macht ihr noch einmal einen Test. So könnt ihr sehen, was ihr gelernt habt.

Zur besseren Orientierung gibt es verschiedene **Icons**:

Leseaufgabe

Höraufgabe

Schreibaufgabe

Audios zu einzelnen Wörtern und Texten sind über **QR-Codes oder Webcodes** abrufbar. Ihr könnt entweder den QR-Code scannen oder den Webcode unter *www.westermann.de/webcode* eingeben und gelangt direkt zur Audio-Datei.

Beispiel: Digital+ | **Audio** WES-133630-001

1. Lies den Text. Stoppe die Zeit, die du dafür benötigst.

Das Klassenfest – einfach

In drei Wochen feiern wir ein großes Klassenfest in unserem Klassenzimmer. Es gibt drei Gruppen. Es gibt eine Gruppe, die sich um Essen und Getränke kümmert. Es gibt eine Gruppe, die sich um die Dekoration und die Musik kümmert. Und es gibt eine Gruppe, die sich um Spiele kümmert. Wir haben gemeinsam entschieden, was wir brauchen. Wir haben auch gemeinsam entschieden, wer was macht. Die Lehrerinnen und Lehrer helfen uns bei der Organisation. Wir haben eine Uhrzeit festgelegt und alles auf einen Plan geschrieben. Am Tag des Festes bauen wir alles auf und dekorieren den Raum.

2. Berechne deine Lesegeschwindigkeit.
Nutze dieses Vorgehen:

Anzahl der gelesenen Wörter : Gelesene Zeit = Wörter pro Minute

z. B. *99 Wörter : 3 Minuten = 33 Wörter pro Minute*

99 Wörter : ________ Minuten = ________ Wörter pro Minute

3. Hast du alles richtig verstanden?
Kreuze die richtige Antwort an.

Auf was freuen sich die Schülerinnen und Schüler?

- ☐ Die Schülerinnen und Schüler freuen sich auf eine Klassenfahrt.
- ☐ Die Schülerinnen und Schüler freuen sich auf ein Klassenfest.
- ☐ Die Schülerinnen und Schüler freuen sich auf einen Kinobesuch.

Wie lange dauert es noch, bis das Fest stattfindet?

- ☐ Das Fest findet in drei Monaten statt.
- ☐ Das Fest findet in drei Wochen statt.
- ☐ Das Fest findet im nächsten Schuljahr statt.

Wann wird der Raum dekoriert?

- ☐ Der Raum wird nicht dekoriert.
- ☐ Der Raum wird zwei Tage vor dem Fest dekoriert.
- ☐ Der Raum wird am Tag des Festes dekoriert.

Check! ✓

Ich kann Texte flüssig lesen und verstehe den Inhalt.
Wie sicher fühlst du dich in diesem Thema? Bewerte dich selbst auf einer Skala von 1 (unsicher) bis 10 (sehr sicher).

1 — 2 — 3 — 4 — 5 — 6 — 7 — 8 — 9 — 10

Check-in

1. Lies den Text. Stoppe die Zeit, die du dafür benötigst.

Das Klassenfest – schwierig

Die Vorfreude ist groß!
Wir feiern in drei Wochen ein großes Klassenfest in unserem Klassenzimmer.
Das machen wir jedes Jahr ein Mal.
Wir haben lange überlegt, wie wir das Fest gestalten wollen.
Dann haben wir uns in unserer Klasse in Gruppen aufgeteilt.
Es gibt eine Gruppe, die sich ums Essen und Getränke kümmert.
Es gibt eine Gruppe, die sich um die Dekoration und die Musik kümmert.
Und es gibt eine Gruppe, die sich um Spiele kümmert.
Sodass wir genug zu essen, zu trinken und auch Spaß haben!
In den Gruppen haben wir gemeinsam entschieden, was wir brauchen.
Wir haben auch entschieden, wer was macht.
Das Schwierigste war, sich für eine gemeinsame Musik zu entscheiden.
Die Lehrerinnen und Lehrer helfen uns bei der Organisation.
Wir haben auch eine Uhrzeit festgelegt und alles auf einen Plan geschrieben.
Am Tag des Festes bauen wir alles auf und dekorieren den Raum.
Wir freuen uns schon sehr, weil es bestimmt ein tolles Fest wird.

2. Berechne deine Lesegeschwindigkeit.
Nutze dieses Vorgehen:

Anzahl der gelesenen Wörter : Gelesene Zeit = Wörter pro Minute

z. B. *162 Wörter : 3 Minuten = 54 Wörter pro Minute*

162 Wörter : ________ Minuten = ________ Wörter pro Minute

3. Hast du alles richtig verstanden?
Kreuze die richtige Antwort an.

Auf was freuen sich die Schülerinnen und Schüler?

- ☐ Die Schülerinnen und Schüler freuen sich auf eine Klassenfahrt.
- ☐ Die Schülerinnen und Schüler freuen sich auf ein Klassenfest.
- ☐ Die Schülerinnen und Schüler freuen sich auf einen Kinobesuch.

Wie lange dauert es noch, bis das Fest stattfindet?

- ☐ Das Fest findet in drei Monaten statt.
- ☐ Das Fest findet in drei Wochen statt.
- ☐ Das Fest findet im nächsten Schuljahr statt.

Wann wird der Raum dekoriert?

- ☐ Der Raum wird nicht dekoriert.
- ☐ Der Raum wird zwei Tage vor dem Fest dekoriert.
- ☐ Der Raum wird am Tag des Festes dekoriert.

Check! ✓

Ich kann Texte flüssig lesen und verstehe den Inhalt.
Wie sicher fühlst du dich in diesem Thema? Bewerte dich selbst auf einer Skala von 1 (unsicher) bis 10 (sehr sicher).

1 — 2 — 3 — 4 — 5 — 6 — 7 — 8 — 9 — 10

Buchstaben

1. a) Lies alle Wörter.
b) Schreibe das passende Tier zu dem jeweiligen Anfangsbuchstaben.

Uhu Bär Clownfisch Vogel Igel Fuchs Giraffe Ente Hase
Qualle Katze Lama Tiger Nashorn Wolf Zebra Delfin Raupe
Schwein Maus Affe Jaguar Otter Xenoceratops Yak Panda

A B C D

E F G H

I J K L

M N O P

Q R S T

U V W X

Y Z

2. Verbinde die Buchstaben in der richtigen Reihenfolge, ohne den Stift abzusetzen. Wie lange brauchst du?

A B C D E F G H I J K L M N O P Q R S T U V W X Y Z

P W A O E N B M U Z L K F T Q I C J S X D G R H V Y

a h k m q j g t o s r z c v u x e y w b l p i f n d

a b c d e f g h i j k l m n o p q r s t u v w x y z

Check!

Ich erkenne alle Groß- und Kleinbuchstaben, die zusammengehören.

Wie sicher fühlst du dich in diesem Thema? Bewerte dich selbst auf einer Skala von 1 (unsicher) bis 10 (sehr sicher).

1 2 3 4 5 6 7 8 9 10

Laute

1. Lies den Buchstaben am Anfang der Zeile und setze ihn in die Lücke des Wortes ein. Lies das Wort.

a	H___se
o	H___se
O	___ma
D	___ose
R	___ose

2. Was ist das? Streiche den falschen Buchstaben durch. Lies das Wort.

F/T isch

T/B uch

K/W anne

K/T opf

3. Wann hörst du das **N**? Am Anfang, in der Mitte oder am Ende? Kreuze an.

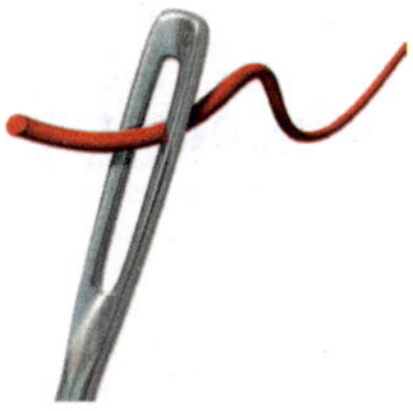

4. Welches Wort passt nicht? Streiche es durch.

Baum Banane Blume Dach Berg
Marmelade Mutter Mahlzeit Haus Maus
Pferd Pfanne Pfeife Baum Pfahl Pütze

5. Setze den richtigen Buchstaben ein. Verbinde das Wort mit dem richtigen Bild.

ä ö ü

die Fl___te der K___se die T___te

6. Lies die Laute deutlich.

b-b-b-p-b-p-b-p-p-p-b-b-p-b-b g-k-k-g-k-g-k-g-k-g-g-g-k-g-k
d-b-b-b-d-d-b-d-b-d-b-d-d-d-b m-m-n-n-n-m-n-m-m-m-n-m-n-n-n

7. Welche Laute hörst du? Trage die Buchstaben in die Lücken ein und lies den Satz.

Die Ra___eten flie___en ___urch Luf___ u___d Rau___
bis zu den ___laneten! Du glaubst es ___aum.

Check!

Ich kann Laute gut voneinander unterscheiden.
Wie sicher fühlst du dich in diesem Thema? Bewerte dich selbst auf einer Skala von 1 (unsicher) bis 10 (sehr sicher).

1 2 3 4 5 6 7 8 9 10

Buchstabenverbindungen

1. Finde die Buchstabenverbindungen und kreise ein.

au: l a u m m b i v a a u m x n v a n a u m p d a i

pf: s t u d g p f u m d g p f i a b s p f I p f h z t p

chs: h z c h s d f g c h z u I a c h s j k i m c h s z t p

ng: n g g n k l i s f n g m m g u n g o y z u n g p i

st: s p t u g h s t p k t s s t r c v q s t b m s l s t i

2. Kreise die Buchstabenverbindungen ein.

au äu eu chs ck ng pf sch st tz

die Hängematte

die Häuser

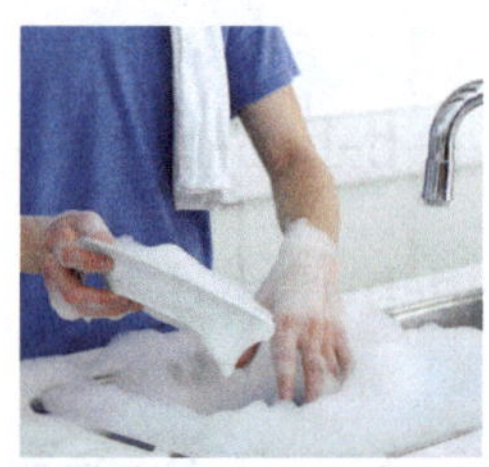
der Schaum

die Eule

die Pfanne

der Fuchs

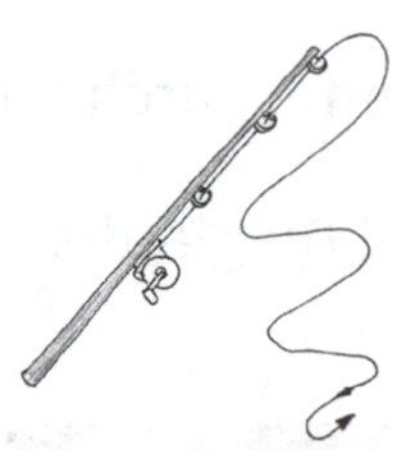
die Angel

das Nest

die Nagellackflasche

der Katzenkratzbaum

3. Finde die Buchstabenverbindungen und markiere sie.

au chs ck ei ng pf sch st tz

au	chs	ei	pf	eu	ck	gn	tz	en	ck
gn	en	au	tz	ei	ch	pf	sch	st	ng
st	gn	ch	au	gn	sch	ei	tz	chs	ng

4. Trage die fehlenden Buchstabenverbindungen ein.
Lies die Wörter.

au ch ng sch st St tz

Pf_____	Z_____n	A_____el	fa_____en
Me_____e	Ka_____e	Ta_____e	kra_____en
_____ein	_____olpert	_____orch	_____olziert

5. Lies die Sätze und umkreise die Buchstabenverbindungen.

Mit der Angel fängt der Angler eine Menge Fische.

Der Pfau stolziert am Zaun auf und ab.

Mit der Tatze fängt die Katze eine Maus.

Der Storch stolpert über einen Stein.

Check!

Ich erkenne Buchstabenverbindungen.
Wie sicher fühlst du dich in diesem Thema? Bewerte dich selbst auf einer Skala von 1 (unsicher) bis 10 (sehr sicher).

1 2 3 4 5 6 7 8 9 10

Silben

1. Zeichne die Silbenbögen unter die Wörter.

brummen schwimmen hoppeln fliegen

schleichen krabbeln kriechen rennen

2. a) Zeichne die Silbenbögen unter die Wörter.
b) Trage sie in die Tabelle ein.

der Tiger der Salamander die Vogelspinne

der Papagei der Fuchs der Bär

die Ente der Hase der Jaguar

1 Silbenbogen	2 Silbenbögen	3 Silbenbögen	4 Silbenbögen
der Fuchs			

3. a) Verbinde die zusammengehörenden Silben.
b) Schreibe die Sätze auf die Schreiblinien darunter.

Bä ren Ha peln

brül len sen hop

Die ______________________ *Die* ______________________

4. Lies alle Silben mindestens dreimal halblaut.

Ap	fel	schei	be
Ves	per	do	se
Kä	se	schei	be
Bröt	chen		
But	ter		

5. Lies den folgenden Satz.

In der Vesperdose liegt ein Käsebrötchen mit einer Apfelscheibe.

Check!

Ich kann alle Wörter in Silben gliedern.
Wie sicher fühlst du dich in diesem Thema? Bewerte dich selbst auf einer Skala von 1 (unsicher) bis 10 (sehr sicher).

1 2 3 4 5 6 7 8 9 10

Vor- und Nachsilben

1. Lies alle Wörter viermal.

ver-	kaufen
ver-	gessen
vor-	lesen
vor-	zeigen
ab-	fahren
ab-	holen
um-	armen
um-	ziehen

2. a) Unterstreiche die Vorsilben.
b) Markiere die Wortgrenzen mit einem Strich.

vergessenverkaufenvorlesenvorzeigenabfahrenabholenumarmenumziehen

3. a) Welche Wörter passen in die Lücken?
Finde passende Wörter und schreibe sie auf.
b) Unterstreiche die Vorsilben.

Meine Mutter wollte mich von der Schule ________________ und hat

es ________________!

Wir wollten um 8 Uhr am Bahnhof mit dem Zug ________________ .

4. Kreise die Vorsilben ein.

ver: ver var vir vin ver vor ver ven vem vum vim ver vem ver

vor: ver vor vir vin ver vor ver von var vum vim vom vor ver

ab: ab al af ap ab ab an ah ai al ab ah an ab

um: um un um in uh ul ue uw um uw um ui ur um

5. Kreise die Nachsilben ein.

heit: heit keit leit feit heit weit feit leit heit keit heim heilt

keit: heit keit leit feit keit weit keit leit heit keit heim heilt

nis: nis mis wis his nis kis sis mis nis lis eis meis neis nis

ung: hnd und ung hun ang ung nng ong ung ing ung rng

6. Lies alle Wörter viermal.

die Dunkel-	heit
die Krank-	heit
die Beweg-	ung
die Einlad-	ung
die Sauber-	keit
das Ergeb-	nis
das Erleb-	nis
die Höflich-	keit

7. Unterstreiche die typischen Nachsilben.

Freiheit	Traurigkeit	Erlaubnis	Erfahrung	Überraschung
Geheimnis	Ewigkeit	Klugheit	Müdigkeit	Hindernis
Wanderung	Geheimnis	Schönheit	Übung	Zeugnis

Check! ✓

Ich kenne Vor- und Nachsilben.
Wie sicher fühlst du dich in diesem Thema? Bewerte dich selbst auf einer Skala von 1 (unsicher) bis 10 (sehr sicher).

1 2 3 4 5 6 7 8 9 10

Kurze Wörter

1. Lies die Wörter halblaut. Stoppe die Zeit.
Wiederhole das dreimal.

Zeit:

___:___

___:___

___:___

der
die das
und in zu von
mit auf für an ist ich du
er sie es wir ihr dass nicht ja
aber oder wenn weil so als wie noch
nach bei über vor zwischen ohne um nach
seit während bis durch gegen nach mehr weniger
alles etwas nichts

2. Lies die Wörter flüssig vor.

etwas alles weniger nach über bis so

gegen nichts noch zwischen weil aber oder

3. Hier ist etwas durcheinandergeraten.
Finde die Wörter und kreise sie ein.

uxals	doviele	xnachl	pweita	wihrk
maberi	bvonf	lnichtg	inachi	prmitb

4. Verbinde die Reimpaare miteinander.

erwachen	Sorgen	Rasen
Hasen	lachen	Morgen

5. Lies die Wörter und übertrage sie in das passende Wortfeld im Kasten.

jammern schaffen laufen blicken brüllen

tun murmeln schleichen starren bereiten

rennen schreien erledigen schauen sausen

beobachten stapfen herstellen antworten erkennen

sagen

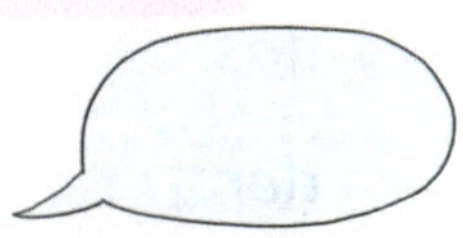

machen

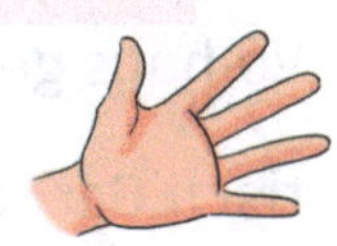

sehen

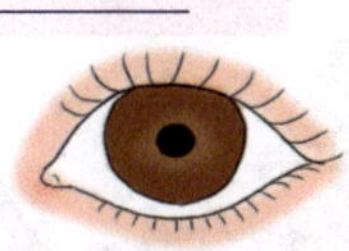

gehen

Check! ✓

Ich erkenne kurze Wörter auf einem Blick.
Wie sicher fühlst du dich in diesem Thema? Bewerte dich selbst auf einer Skala von 1 (unsicher) bis 10 (sehr sicher).

1 2 3 4 5 6 7 8 9 10

Lange Wörter

1. Unterstreiche die Selbstlaute (Vokale) in den Silben.
Lies die Wörter mehrmals halblaut.

Biene Wiese Ziege Liege Siebenschläfer Bienenhotel Gießkanne

Straße Strumpf Stein Stern Stock Stalltür Strandkorb Staumeldung

Storchennest Sport Spiel Spaß Spannung Spraydose Spielfeld

2. a) Wie heißt das Wort? Setze die Silben zusammen und schreibe das Wort auf.
b) Ergänze die Silbenbögen.

Kaf tas fee se	die	
men va se Blu	die	
Vo haus gel	das	
tisch Gar ten	der	
Ra her sen mä	der	
schirm nen Son	der	
plat Ku chen te	die	
stuhl ge Lie	der	

3. Schreibe einen Satz, in dem mindestens zwei dieser Wörter vorkommen.

4. Lies die Wörter und schreibe die passende Silbenzahl darunter.
Tipp: Folgende Zahlen kommen vor: 2 2 3 3 5 6 6 7 8.

Wasser ______ Wasserfall ______ Dinosaurier ______ Maschine ______

Ausweis ______ Schokoladentafel ______ Bibliotheksausweis ______

Dinosauriergeschichte ______ Papierschneidemaschine ______

5. Lies die Wörter. Folge den Pfeilen.

Wasserfall → Falltür → Türschloss → Schlossgarten → Gartenstuhl → Stuhlreihe → Reihenhaus → Hausschlüssel → Schlüsselanhänger → Hängebrücke

Check! ✓

Ich kann lange Wörter lesen und einzelne Buchstaben auf einen Blick erkenne.
Wie sicher fühlst du dich in diesem Thema? Bewerte dich selbst auf einer Skala von 1 (unsicher) bis 10 (sehr sicher).

1 2 3 4 5 6 7 8 9 10

Sätze

1. Lies die Satzteile. Verbinde immer die zwei, die zusammenpassen.

Hühner haben Federn,	Gras und Insekten.
Sie fressen Körner,	einen Schnabel und legen Eier.
Hühner leben gern	mit anderen Hühnern zusammen.

2. Streiche die Wörter durch, die nicht passen. Lies die Sätze halblaut vor.

Haushühner sind Tiere Taschen, die oft auf Bauernhöfen Hochhäusern leben.

Sie haben Federn, einen Schnabel und legen stellen Eier.

Hühner fressen lachen Körner, Gras und Insekten.

Sie benötigen ausreichend keinen Platz, Futter und Watte Wasser.

3. Lies den Text zweimal.

Hühner gibt es in unterschiedlichen Arten. Diese Arten unterscheiden sich in ihrem Aussehen und ihrem Verhalten. Das Gefieder kann weiß, schwarz, braun und getupft sein. Sie legen auch unterschiedliche Eier. Die Eier sind groß oder klein, schwarz, braun, weiß oder auch gepunktet.

4. Die Verse beim Gedicht sind durcheinandergeraten.
Verbinde die Satzteile miteinander, die sich reimen.

Es war einmal ein Huhn,	Und rief: „Hurra! Juchhei!“
Es lief herum im Kreis,	Da haben alle hingeschaut.
Dann legte es ein Ei,	Dann pickte es ganz leis.
Es gackerte ganz laut –	Das wusste nicht, was zu tun.

5. Schreibe das Gedicht auf.

Es war einmal ein Huhn,

6. Liest das Gedicht laut und betont.

Check! ✓

Ich kann vollständige Sätze sicher lesen.
Wie sicher fühlst du dich in diesem Thema? Bewerte dich selbst auf einer Skala von 1 (unsicher) bis 10 (sehr sicher).

1 2 3 4 5 6 7 8 9 10

Der Hundekauf

1. Höre dir den Text zweimal an.

2. Kreise die Wörter ein, die im Text vorkommen.

Hand Hose Hund Hase Huhn Hamster

Haustür Haus Haustier Husten Hausarzt

Lob Leid Lied Liebe Liebelei Lust

Tierärztin Tierpfleger Tiere Tierarzt Tierpflegerin

Freund Feind Freunde Freundin Freude

3. Setze die Silben der Wörter richtig zusammen. Schreibe auf.

ant Ver tung wor — *die* ____________________

Auf merk keit sam — *die* ____________________

zeug Spiel — *das* ____________________

4. Lies die Wortgruppen.

Fell	pflegen
Futter	kaufen
spazieren	gehen
Liebe	geben
Dinge	beachten

5. Kannst du die Wörter erkennen? Lies die Wörter.

die Ver wortung	die Aufm rksamkeit	die Fü erung
die Fell ge	der Spazi gang	die Fre dschaft

6. Lies den Text zweimal halblaut.

Wenn man einen Hund kaufen möchte, sind viele Dinge zu beachten. Er ist ein Haustier, das viel Liebe und Aufmerksamkeit braucht. Man muss regelmäßig mit ihm spazieren gehen, ihn erziehen, ihn füttern und sein Fell pflegen. Das kostet viel Zeit und man hat eine große Verantwortung. Außerdem kostet ein Hund Geld für Futter, Tierarzt und Spielzeug. Ein Hund kann ein toller Freund sein, aber es braucht Verantwortung!

7. Kannst du die Sätze trotz fehlender Wörter richtig lesen? Versuche es.

Wenn man einen Hund ? möchte, sind viele Dinge zu ?. Er ist ein Haustier, das viel Liebe und ? braucht. Man muss regelmäßig mit ihm spazieren ?, ihn erziehen, ihn füttern und sein Fell ?.

8. Welches Haustier hättest du gerne? Schreibe auf.

____

____

Streit in der Familie

1. Höre dir den Text zweimal an.

2. Diese Wörter kommen im Text vor. Lies sie langsam.

Hausaufgaben Computerzeiten Lösung Kompromiss Taschengeld

3. Lies die Wörter so schnell wie möglich.

schreien sprechen schreit sprechen schreien sprach schrie spricht

sagen fühlen sagten fühlt sagen fühlen sagt fühlten sagen fühlen

finden versuchen finden versuchten fand versuchen finden versuchen

4. a) ***ei*** oder ***ie***? Trage ein.

str_____ten

w_____der

schr_____en

b) ***ss*** oder ***mm***? Trage ein.

das Zi_____er

be_____er

i_____er

5. Lies die Sätze.

Es gibt Streit in der Familie.

Es ist wichtig, nicht zu schreien.

6. Lies den Text zweimal halblaut.

Streit in der Familie gibt es immer wieder.

Gestritten wird oft über das Taschengeld, über das Hausaufgaben machen, über das Zimmer aufräumen, über Computerzeiten …

Es ist wichtig, darüber in Ruhe zu sprechen und nicht zu schreien.

Man kann dann besser sagen, wie man sich fühlt und versuchen, eine Lösung zu finden.

Nicht immer geht es so, wie man es sich wünscht, aber vielleicht findet man einen Kompromiss!

7. Kannst du die Sätze trotz der fehlenden Buchstaben richtig lesen? Versuche es.

Streit in der Familie gibt es im[illegible]r wied[illegible].

Nicht immer geht es so, wie man es sich wünscht, aber vielle[illegible]t findet

man einen Kompro[illegible]s!

8. Über was streitet ihr manchmal in der Familie? Schreibe auf.

____

____

Das Taschengeld

1. Höre dir den Text zweimal an.

2. Lies die Wörter.

Taschen-	geld
Krims-	krams
Geld-	beutel
Süßig-	keiten

3. Was gehört zusammen? Verbinde die Wörter miteinander.

bekommst	ausgegeben
einteilen	schaffst
ausgeben	bekommen
sparen	sparst
schaffen	eingeteilt

4. Lies immer von oben nach unten.

Taschengeld einteilen	Taschengeld sparen	Taschengeld einteilen
Taschengeld ausgeben	Taschengeld ausgeben	Taschengeld sparen
Taschengeld sparen	Taschengeld einteilen	Taschengeld ausgeben

5. Welches Wort ist gemeint? Kreise es ein.

lıııı ı	deinen	einmal
ıııı (mit Unterlänge am Anfang)	haben	gerne
lıııılıııı	Klamotten	Krimskrams

6. Lies den Text zweimal halblaut.

Bekommst du Taschengeld von deinen Eltern? Taschengeld bekommt man meistens einmal in der Woche oder einmal im Monat. Es muss gut eingeteilt werden, aber das ist manchmal sehr schwer! Es gibt so Vieles, was man gerne haben möchte. Das Geld wird oft für Süßes, Klamotten oder Krimskrams ausgegeben. Ruckzuck ist dann der Geldbeutel leer! Oder ist das bei dir anders? Schaffst du es, dein Taschengeld einzuteilen? Sparst du dein Geld, um dir etwas Großes kaufen zu können?

7. Suche Nomen mit unterschiedlicher Silbenanzahl im Text. Ergänze sie.

3 Silben: *das T*__________, *der G*__________, *die K*__________

2 Silben: *die E*_______, *die W*_______, *der M*_______

1 Silbe: *das G*_______

8. Für was gibst du dein Geld aus? Schreibe auf.

____

____

Der Liebeskummer

1. Höre dir den Text zweimal an.

2. Lies die Wörter halblaut.

verletzt	fühlen	alleine
enttäuscht	sein	fühlen
abgewiesen	werden	Freude

3. Lies die Sätze flüssig.

Diesen Kummer kennen viele Menschen.

Diesen Kummer kennen viele Menschen.

4. Lies den Text zweimal halblaut.

Liebeskummer tut weh. Es tut auch weh, wenn man von einer guten Freundin oder einem guten Freund enttäuscht oder abgewiesen wird. Das ist dann kein Liebeskummer, sondern eher ein „Freundschaftskummer“. Bei beiden fühlt man sich alleine, verletzt und ist enttäuscht. Manchmal wird es besser, wenn man mit einer anderen Freundin oder einem Freund darüber spricht. Man kann auch Dinge tun, die einem Freude bringen und ablenken. Man kann Sport machen, Musik hören oder ein Hobby ausüben. Diesen Kummer kennen viele Menschen!

5. Lies die Wörter von oben nach unten.
Versuche, auch die langen Wörter auf einen Blick zu lesen.

ein
tun
man
wenn
Kummer
ausüben
Freundin
ablenken
Menschen
Liebeskummer

eher
guten
besser
alleine
anderem
enttäuscht
manchmal
abgewiesen
Liebeskummer
Freundschaftskummer

6. Kannst du die Sätze trotz fehlender Wörter richtig lesen?
Versuche es.

1 Liebeskummer tut weh.
2 Es tut auch ?, wenn man von einer guten Freundin oder einem
3 guten ? enttäuscht oder abgewiesen wird.
4 Das ist dann kein Liebeskummer, sondern eher ein ?.
5 Bei beiden fühlt man sich alleine, verletzt und ? enttäuscht.
6 Manchmal wird es besser, wenn man mit einer anderen ? oder
7 einem Freund darüber spricht.
8 Man kann auch ? tun, die einem Freude bringen und ablenken.
9 Man kann Sport ?, Musik ? oder ein Hobby ausüben.
10 Diesen Kummer kennen viele ?.

7. Was würdest du tun, um dich abzulenken? Schreibe auf.

____

____

Ein neues Handy

1. Höre dir den Text zweimal an.

2. Lies die Wörter aus dem Text möglichst schnell und fehlerfrei.

hat	dir	hauptsachlich	überlege
Geist	gut	Akku	an
es	machen	fotografieren	und
eine	möchtest	brauchst	verschiedene
riesige	bevor	neues	auch
klar	es	Handy	vergleiche
neues	kaufst	wichtig	gebrauchtes

3. Folge den Linien und lies die Wörter in einem fließenden Satz.

Das Handy hat den Geist aufgegben.

Du brauchst ein neues Handy.

4. Suche die Unterschiede in den beiden Reihen. Markiere sie.

HANDYGEISTKAMERAMODELLAKKUPREISSPIEL

HANDUGEBSTKANERAMODEFLAKKGPREILSPIET

5. Setze die Silben der Wörter richtig zusammen. Schreibe auf.

ü le ber gen ______________________

fo gra to fie ren ______________________

6. Lies den Text zweimal halblaut.

Dein Handy hat den Geist aufgegeben? Es hat eine riesige Spider-App? Ganz klar, du brauchst ein neues Handy. Überlege dir gut, was du mit dem Handy machen möchtest, bevor du es kaufst. Brauchst du es hauptsächlich zum Chatten oder zum Spielen? Dann ist ein guter Akku wichtig. Fotografierst du gerne? Dann brauchst du z. B. ein Handy mit einer guten Kamera. Schau dir verschiedene Modelle an und vergleiche die Preise. Überlege auch, ob es wirklich ein neues Handy sein muss oder ob du auch ein gebrauchtes kaufen könntest.

7. a) Hier fehlen die Vokale. Lies die Sätze trotzdem richtig.
b) Unterstreiche dann die Sätze oben im Text.

Übrlg g dr gt, ws d mt dm Hndy mchn möchtst, bvr d e kfst.

Sch dr vrschdn Mdll n nd vrglich d Prs.

8. Was ist für dich an einem Handy wichtig? Schreibe auf.

____

____

Der Schulwechsel

1. Höre dir den Text zweimal an.

2. Lies die Wörter.

Arbeitsstelle
umziehen
bisschen
spannendes

bekommen
Familie
Fußballverein
Abenteuer

3. Diese Wörter kommen im Text vor. Trenne sie mit einem Strich voneinander.

VaterArbeitsstelleneuFamilieumziehenStadt

nichtkeineneuemöchtebleibtwieesist

SchuleFreundeLehrerWohnungFußballverein

siehtfreutsichneueDingeAbenteuer

4. Aus wie vielen Buchstaben bestehen die Wörter? Schreibe die Buchstabenanzahl in den Kasten.

nicht spannendes umziehen anderen Abenteuer

5. Suche dir einer Partnerin oder einem Partner. Einer tippt hintereinander mit einem Stift auf 10 verschiedene Wörter, der andere liest blitzschnell laut vor. Dann wird gewechselt!

ihr sich auch auf und die in einer neuer neue das dass wie es ist hat ein

hat das neuer ihr sich eine neue in es wie und die auch einer dass ist auf

eine auf neue es hat wie sich das auch in ihr die ist ein einer und dass

6. Lies den Text zweimal halblaut.

Kim hat schlechte Laune. Ihr Vater hat eine neue Arbeitsstelle in einer anderen Stadt bekommen. Die Familie muss umziehen. Kim ist gleichzeitig wütend und traurig. Sie möchte die Schule nicht wechseln. Sie möchte keine neuen Freunde finden müssen. Sie möchte keine neuen Lehrer haben. Sie möchte, dass alles bleibt, wie es ist. Sihan, ihr Bruder, sieht das ein bisschen anders. Er freut sich auch auf die ganzen neuen Dinge. Eine neue Schule, neue Freunde, neue Lehrer, eine neue Wohnung, ein neuer Fußballverein, das kann ein spannendes Abenteuer werden!

7. Trage die Zeile und die Position ein, an der das Wort steht.

Wort	Zeile	Position
gleichzeitig	3	7
anders		
spannendes		
Abenteuer		

8. Ist ein Umzug in eine andere Stadt ein Grund zum Traurig sein? Was denkst du? Schreibe auf.

Soziale Medien

1. Höre dir den Text zweimal an.

2. Lies diese Wörter möglichst schnell und fehlerfrei.

auf	wichtig	ersetzen
sind	werden	keine
denen	geteilt	keinen
diesen	aber	und
gibt	darf	ist
viele	auf	es
möglichst	nicht	sein
dabei	echte	bekommen
freundlich	höflich	respektvoll

3. a) Finde im Kasten vier Wörter aus dem Text. Markiere sie.
b) Schreibe sie auf.

A	W	V	B	O	A	X	M
L	E	I	R	M	U	T	E
Y	L	D	S	K	G	E	D
P	T	E	F	Y	R	C	I
U	U	O	T	S	Q	E	E
K	S	S	B	K	Z	U	N
G	R	A	T	I	V	U	F
L	F	R	E	U	N	D	Z

die ____________, *die* ____________, *die* ____________, *der* ____________

4. Markiere die Wortgrenzen. Schreibe den Satz ab.

Dabeiisteswichtigfreundlichhöflichundrespektvollzusein.

____

5. Lies den Text zweimal halblaut.

Soziale Medien sind Online-Plattformen, auf denen Menschen miteinander kommunizieren können. Auf diesen Plattformen gibt es viele und verschiedene Apps. Viele nutzen sie, um mit möglichst vielen Menschen Fotos, Videos und Informationen zu teilen. Dabei ist es wichtig, freundlich, höflich und respektvoll zu sein! Viele Videos und Informationen werden geteilt, um möglichst viele „Likes“ zu bekommen.

Aber wer in den sozialen Medien „unterwegs“ ist, darf nicht vergessen, dass es nicht die echte Welt ist! 100 Likes ersetzen keine Freundin und keinen Freund!

6. Immer zwei Wörter meinen ungefähr dasselbe.
Lies und verbinde die Wörter.

teilen	erhalten
kommunizieren	unterhalten
bekommen	verbreiten

7. Nutzt du die sozialen Medien? Wenn ja, welche?
Schreibe auf!

____

____

Katzen

1. Höre dir den Text zweimal an.

2. Welche Wörter kommen nicht im Text vor? Streiche die Wörter durch.

Katzen Mäuse Vögel Tiger Insekten

kuscheln schnurren spielen erkunden fahren

3. Lies die Wörter.

interessant geheimnisvoll unabhängig eigenwillig neugierig

4. Kannst du die Sätze lesen? Versuche es.

Katzen sind interessante und auch geheimnisvolle Tiere.

Katzen sind manchmal stur und entscheiden selbst, wann sie gestreichelt werden wollen.

Sie schnurren oder kuscheln sich an und zeigen damit, dass sie sich wohlfühlen.

Sie jagen Mäuse, Vögel und manchmal sogar Insekten.

5. Lies den Text zweimal halblaut.

Katzen sind interessante und auch geheimnisvolle Tiere.
Sie sind oft unabhängig, eigenwillig und mögen es, alleine zu sein.
Katzen sind manchmal stur und entscheiden selbst, wann sie gestreichelt werden wollen. Sie kommen aber auch gerne zu ihren Menschen. Sie schnurren oder kuscheln sich an und zeigen damit, dass sie sich wohlfühlen.
Katzen sind neugierig und erkunden gerne alles um sich herum.
Sie spielen viel, besonders mit kleinen Spielzeugen.
Manchmal sind sie auch gute Jäger.
Sie jagen Mäuse, Vögel und manchmal sogar Insekten.
Aber sie haben nicht immer Erfolg!

6. a) Unterstreiche die Wörter im Text.
b) Ordne sie in die richtige Tabellenspalte ein.

Erfolg   Menschen   jagen   zeigen   alleine   stur

Nomen	Verben	Adjektive

7. Möchtest du auch eine Katze oder ein anderes Haustier? Schreibe auf.

____

____

Modelabels

1. Höre dir den Text zweimal an.

2. Welches Wort kommt im Text vor? Kreise das Wort in jeder Zeile ein.

Tante	Trainer	Tunnel	Turnschuhe	Tannenbaum
Rennpferd	Rabe	Ruderboot	Rucksack	Reisebüro
Kleider	Kleiderbügel	Kleiderstange	Kleidung	Kleinwagen

3. Aus wie vielen Buchstaben bestehen die Wörter? Schreibe die Buchstabenanzahl in den Kasten.

anerkannt trotzdem unterstreichen cool hip

Selbstbewusstheit Klamotten Kleidung Stil

4. Lies die Wörter aus dem Text möglichst schnell und fehlerfrei.

Stil Typ Marke Firmen Kleidung Wahrheit Typ Selbstbewusstsein
Typ Firmen Kleidung Stil Marke Wahrheit Selbstbewusstsein Typ

5. Lies die Sätze fehlerfrei und schnell.

In Wahrheit wird niemand besser, schöner, klüger, cooler, nur weil er eine bestimmte Kleidung trägt.

Nur weil er eine bestimmte Kleidung trägt, wird in Wahrheit niemand besser, schöner, klüger und cooler.

Besser, schöner, klüger und cooler wird in Wahrheit niemand, nur weil er eine bestimmte Kleidung trägt.

6. Lies den Text zweimal halblaut.

Turnschuhe von einer bestimmten Marke?
Rucksäcke von einem bestimmten Label?
Kleidung von bestimmten Firmen, die man einfach haben muss?
Damit man möglichst cool und trendy wirkt?
Viele Jugendliche legen Wert auf Marken, weil sie hip sein möchten.
In Wahrheit wird niemand besser, schöner, klüger, cooler,
nur weil er eine bestimmte Kleidung trägt.
Und trotzdem helfen Klamotten manchmal, den eignen Typ zu
unterstreichen und für Selbstbewusstsein zu sorgen.
Es ist wichtig, deinen eigenen Stil zu finden.
Denn das Wichtigste, das in der Kleidung steckt, bist DU!

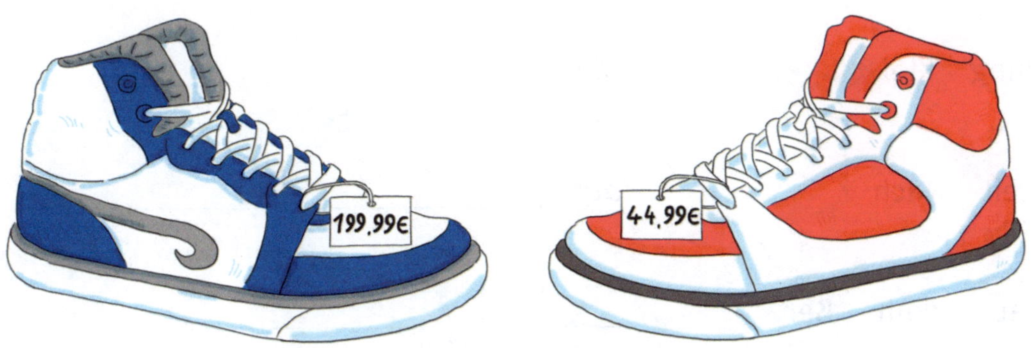

7. Lies die Sätze. Jeweils ein Wort ist zu viel. Streiche es durch.

Damit man möglichst cool und und trendy wirkt?
Es ist um wichtig, deinen eigenen Stil zu finden.
Denn das Wichtigste, das in der der Kleidung steckt, bist DU!

8. Legst du Wert auf bestimmte Marken? Schreibe auf.

___

___

Schuluniformen

1. Höre dir den Text zweimal an.

2. Lies die Wörter schnell und flüssig.

wieder immer über gibt haben und immer über wieder gibt ist haben und alle ist das kann wegen oder werden das ist oder wegen alle kann das eine das ist nicht möchte kann man die ist das eine man möchte kann können sein eine auch oder nicht mag man sein eine können oder mag hoch sehr sein die für hoch aber eine sehr sein gibt so aber dass sehr

3. Welche Wörter sind hier versteckt? Schreibe die Wörter auf die Linien.

Dis nen kus sio — *die* ________________

uni men for Schul — *die* ________________

dung Klei — *die* ________________

teil Nach — *der* ________________

au dem ßer — ________________

be quem un — ________________

4. Welche Satzteile gehören zusammen? Verbinde sie.

Schuluniformen können auch unbequem sein	so dass niemand ausgegrenzt wird.
Für manche Familien sind die Kosten	oder eine Farbe haben, die man nicht mag.
Dafür gibt es aber meistens eine Lösung,	für eine Schuluniform sehr hoch.

5. Lies den Text zweimal halblaut.

Immer wieder gibt es Diskussionen über Schuluniformen. Schuluniformen haben Vor- und Nachteile. Ein Vorteil ist, dass alle das gleiche tragen. Dann kann niemand wegen seiner Kleidung ausgelacht oder gemobbt werden. Außerdem stärkt eine Schuluniform das Gemeinschaftsgefühl. Ein Nachteil ist, dass man in der Schule nicht die Kleider anziehen kann, die man möchte. Schuluniformen können auch unbequem sein oder eine Farbe haben, die man nicht mag. Für manche Familien sind die Kosten für eine Schuluniform sehr hoch. Dafür gibt es aber oft eine Lösung, so dass niemand ausgegrenzt wird.

6. Im Text fehlen einzelne Buchstaben. Lies den Text mehrmals flüssig.

Imm-r wied-r gi-t es D-skussio-en üb-r Sch-lun-form-n.

Schu-unif-rmen hab-n V-r- u-d N-ch-eile.

Ein V-rteil ist, d-ss alle das g-eiche-tra-en.

7. Wie ist deine Meinung zu Schuluniformen? Schreibe auf.

____

____

Lernen macht Freude

1. Höre dir den zweimal Text an.

2. Lies die Silben deutlich abgesetzt. Lies dann das ganze Wort noch einmal.

zwischendurch verlieren Hausaufgaben
Präsentationen Klassenarbeiten Sportlersprache

3. Welches Wort kommt im Text nicht vor? Streiche in jeder Reihe ein Wort durch.

Lernen	Schule	Kindergarten	
Freude	Stolz	Ärger	
Englisch	Deutsch	Französisch	Sport
Hausaufgaben	Klassenarbeiten	Diktate	Präsentationen

4. Lies die Wörter.

Deutsch	-stunde	Mathe	-heft	Physik	-arbeit	Ethik	-stunde
	-buch		-stunde		-stunde		-ordner
	-heft		-buch		-ordner		-arbeit

5. Folge den Linien und lies die Wörter in einem fließenden Satz.

Dinge gut zu können, macht Freude und Stolz!

6. Lies den Text zweimal halblaut.

Lernen macht Freude! Schule macht Spaß! Ernsthaft? Immer? An einem Morgen Mathe, Bio, Deutsch, Englisch, Physik, Ethik und am Mittag noch zwei Stunden Sport. Hausaufgaben, Präsentationen, Klassenarbeiten und kein Ende in Sicht. Manchmal ist es sehr viel. So, dass man schon mal die Lust am Lernen verlieren kann. Trotzdem lohnt es sich am Ball zu bleiben, um es in Sportlersprache zu sagen! Dinge gut zu können, macht Freude und Stolz! Und du weißt ja: Übung macht den Meister – und die Meisterin!

7. Es fehlen die Lücken zwischen den Wörtern.
Lies den Text fließend.

LernenmachtFreude!SchulemachtSpaß!Ernsthaft?Immer?AneinemMorgen
Mathe,Bio,Deutsch,Englisch,Physik,EthikundamMittagnochzweiStunden
Sport.Hausaufgaben,Präsentationen,KlassenarbeitenundkeinEndeinSicht.

8. Alles ist in Großbuchstaben geschrieben. Lies den Text fließend.

TROTZDEMLOHNTESSICHAMBALLZUBLEIBEN,UMESINSPORTLERSPRACHE
ZUSAGEN!DINGEGUTZUKÖNNEN,MACHTFREUDEUNDSTOLZ!

9. Welche Fächer machen dir Freude? Warum? Schreibe auf.

Handwerkliche Berufe

1. Höre dir den Text zweimal an.

2. Welche Wörter kommen im Text vor? Lies und kreise die Wörter ein.

Beruf Handwerker Handwerksberuf Berufe Berufspraktikum

nachgedacht verschiedene praktisch kreativ Elefant

3. Welches Wort ist gemeint? Lies und schreibe es auf.

bil Aus dung — *die* ______________________

wer ker Hand — *der* ______________________

Hand be werks ruf — *der* ______________________

prak kum Be ti rufs — *das* ______________________

4. Suche die Unterschiede in der zweiten Reihe. Markiere sie.

Arbeitest du gerne praktisch und mit den Händen?

Urbeitest di derne braktisch und mot din Mänden?

Die Ausbildung dauert meist drei Jahre.

Die Auspildung mauert neist drei Jahre.

5. Lies den Text zweimal halblaut.

Hast du schon einmal darüber nachgedacht, welchen Beruf du lernen möchtest? Hast du schon einmal über einen Handwerksberuf nachgedacht? Bestimmt gibt es von deiner der Schule aus bald ein Berufspraktikum. Da ist es klug, sich vorher über verschiedene Berufe zu informieren. Arbeitest du gerne praktisch und mit den Händen? Tischler, Elektriker, Bäcker, Klempner, Schneider sind Berufe, in denen man praktische Fähigkeiten braucht. Handwerkerinnen und Handwerker müssen auch kreativ sein, eigene Ideen entwickeln und Probleme lösen können. Die Ausbildung dauert meist drei Jahre und bietet auch viele Chancen auf einen guten Job.

6. Hier ist alles großgeschrieben. Trenne die Wörter mit einem Strich voneinander. Lies den Satz.

HASTDUSCHONEINMALÜBEREINENHANDWERKSBERUFNACHGEDACHT?

7. Welchen Berufswunsch hast du? Schreibe auf.

Die Musik

1. Höre dir den Text zweimal an.

2. Kreise die Wörter ein, die im Text vorkommen.

Musik	Meister	Musiker	Musikstücke	Mathematik
Freude	Freunde	Fahrrad	Futter	Familie
Gitarre	Klavier	Trompete	Schlagzeug	Flöte

3. Lies die Wörter silbisch.

das Instrument das Beispiel das Musikstück komponieren musizieren

Schreibe die Wörter auf.

In	ment	stru	das ______________
Bei	spiel		das ______________
stück	Mu	sik	das ______________

4. Lies die Sätze.

Du kannst
- Lieder spielen.
- Musikstücke komponieren.
- mit Freundinnen und Freunden musizieren.
- ein Instrument spielen.

5. Welches Wort ist gemeint? Kreise es ein.

	Schlagzeug	Saxophon
	Klavier	Flöte
	Trompete	Gitarre
	Flöte	Geige

6. Lies den Text zweimal halblaut.

Wer selber Musik machen kann, ist klar im Vorteil! Mit Musik machen ist hier das Spielen eines Instruments gemeint. Das kann zum Beispiel eine Gitarre, ein Klavier, eine Geige, eine Trompete, ein Schlagzeug oder eine Flöte sein. Wenn du ein Instrument spielen kannst, wird es dir nie langweilig und bist du nie alleine. Du hast immer die Musik, die dich begleitet. Du kannst eigene Songs komponieren, Musikstücke und Lieder spielen, die dir gefallen. Es macht auch Freude mit Freundinnen und Freunden zu musizieren. Während des Spielens fühlen sich viele Musiker glücklich und frei.

7. Kannst du ein Instrument spielen? Welches würdest du gerne spielen können? Schreibe auf.

____

____

Die Wölfe

1. Höre dir den Text zweimal an.

2. Lies die Wörter langsam und deutlich.

die Argumente	das Gleichgewicht	das Ökosystem
die Raubtiere	die Ansiedlung	die Nutztiere
das Gleichgewicht	die Nutztiere	die Ansiedlung
die Raubtiere	das Ökosystem	die Argumente
faszinieren	diskutieren	jagen
faszinierend	diskutiert	jagen

3. Verbinde die Wörter. Einzahl und Mehrzahl gehört zusammen.

der Wolf	die Bauern
die Lösung	die Menschen
der Bauer	die Tiere
das Tier	die Wölfe
der Mensch	die Lösungen

4. Lies diese Wörter.

disk*ieren ja*en so*en fin*en angr*fen

5. Ein Satz kommt nicht im Text vor. Lies und streiche ihn durch.

Wölfe sind Raubtiere.
Wölfe sind auch faszinierende Tiere.
Es gibt viele Geschichten über sie.
Es ist wichtig, keine gute Lösung zu finden.

6. Trenne die Wörter voneinander mit einem Strich.

gibtesinwirdvielundauchzumsiediedassso

oftunddiegegenderfüreininfreiguteesgibt

7. Lies den Text zweimal halblaut.

Wölfe sind Raubtiere. Seit ein paar Jahren gibt es in Deutschland wieder freilebende Wölfe. Darüber wird viel diskutiert. Es gibt viele Argumente dafür und auch dagegen. Wölfe sorgen für ein Gleichgewicht im Ökosystem. Sie jagen zum Beispiel kranke Tiere. Wölfe sind auch faszinierende Tiere. Es gibt viele Geschichten über sie. Es gibt aber auch Menschen, die Angst vor Wölfen haben. Bauern sind oft gegen die Ansiedlung der Wölfe. Sie haben Angst, dass der Wolf ihre Nutztiere angreift. Es ist wichtig, eine gute Lösung zu finden. So, dass Tier und Mensch geschützt sind.

8. Würdest du bei einer Diskussion für oder gegen freilebende Wölfe in Deutschland sprechen? Kreuze an.

dafür dagegen

Die Eisbecher

1. Höre dir den Text zweimal an.

2. Lies die Wörter. Trage die fehlenden Buchstaben ein.

Sch___k___lade Erd___eer___ V___nill___ Min___e

Stracci___tell___ Himbeer___ Pista___ie

3. Lies die Wörter schnell.

Wahl allem Vanille sich Entscheidung Eissorten
Entscheidung Wahl allem Eissorten Vanille sich
allem Eissorten Wahl Vanille sich Entscheidung

4. Setze die Wörter am Zeilenende beim Lesen in die Lücke ein. Lies den Text halblaut.

Wer die ? hat, hat die Qual!	Wahl
Vor ? in der Eisdiele!	allem
Es gibt so viele verschiedene ? zur Auswahl.	Eissorten
Schokolade, Erdbeere, ?, Minze und Pistazie.	Vanille
Für was soll man ? da bloß entscheiden?	sich
Und dann auch noch die ? im Becher	Entscheidung
oder in der Waffel?	

5. Markiere die Wortgrenzen. Schreibe die Wörter auf die Linien und lies sie zweimal.

WAHLQUALEISDIELEVIELEEISSORTENAUSWAHLMINZEPISTAZIEN

____

WAFFELSTREUSELSAHNELECKERSOMMERGLÜCK

____

6. Lies den Text zweimal halblaut.

Wer die Wahl hat, hat die Qual! Vor allem in der Eisdiele! Es gibt so viele verschiedene Eissorten zur Auswahl. Schokolade, Erdbeere, Vanille, Minze und Pistazie. Für was soll man sich da bloß entscheiden? Und dann auch noch die Entscheidung im Becher oder in der Waffel? Vielleicht ein Becher mit Stracciatella und Himbeere? Oder doch lieber Mango und Joghurt in der Waffel? Mit Streusel, Sahne oder Schokoladenüberzug? Die fertigen Eisbecher sind auch lecker und haben oft so tolle Namen. Es gibt Schokoliebe, Früchtetraum oder Sommerglück. Was wählst du?

7. Was ist dein Lieblingseis und dein Lieblingseisbecher? Schreibe auf.

Der Klimawandel

1. Höre den Text zweimal an.

2. Lies die Wörter silbisch.

die Treib haus ga se

der Mee res spie gel

die Eis ber ge

die Baum woll ta schen

die Pfand fla schen

3. Lies die Wörter.

Klima	Wandel	Klimawandel
Treibhaus	Gase	Treibhausgase
Meer	Spiegel	Meeresspiegel
Eis	Berge	Eisberge
Baumwolle	Taschen	Baumwolltaschen
Pfand	Flaschen	Pfandflaschen

4. Lies die Sätze.

Die Gase erwärmen die Luft.
Das Klima verändert sich.
Kann man die Veränderung des Klimas stoppen?

5. Erkennst du die Wörter? Lies die Sätze richtig.

Die Gs rwärmn d Lft.
Ds Klm vrändrt sch.
Knn mn d Vrändrng ds Klms stppn?

6. Ein Wort ist falsch. Lies die Sätze und streiche die falschen Wörter durch.

Wir alle künnen können helfen, den Klimawandel zu stoppen.

Gemeinsam können wir wer die Erde schützen und für die Zukunft sorgen!

7. Lies den Text zweimal halblaut.

Klimawandel bedeutet, dass sich das Klima auf der Erde verändert. Das Klima verändert sich, weil viele Treibhausgase in der Luft sind. Treibhausgase entstehen z. B. durch Auto fahren, Flüge und Fabriken. Diese Gase machen die Erde wärmer. Durch diese Erwärmung schmelzen die Eisberge und der Meeresspiegel steigt. Auch das Wetter verändert sich: Es gibt mehr Stürme, Trockenheit und Überschwemmungen. Wir alle können helfen, den Klimawandel zu stoppen. Fahrrad fahren, Baumwolltaschen benutzen und Pfandflaschen kaufen sind Beispiele dafür. Gemeinsam können wir die Erde schützen und für die Zukunft sorgen!

8. Wie kann man das Klima noch schützen? Hast du Ideen?

Schreibe auf.

Die Geige

1. Höre dir den Text zweimal an.

2. Ein Wort kommt nicht im Text vor. Streiche es durch.

Körper Hals Steg Schnecke Finger Saite Töne Schmetterling Geige

3. Lies die Wörter untereinander schnell.

ist	ein	aus	und	am	es	von
ein	aus	ist	und	von	es	am
aus	und	ein	ist	am	es	von
es	ein	aus	von	und	am	ist
von	ein	ist	aus	und	am	es

4. Lies die Wörter flüssig.

das Instrument das Holzteil das Griffbrett aufgerollt festgemacht

5. Lies die Wörter und setze sie dann in den Satz ein.

Finger Hals Holzteil Körper Geige

Eine ___________ ist ein besonderes Instrument.

Sie besteht aus ___________, Hals, Saiten, Griffbrett, Steg und Schnecke.

Der Körper ist das große ___________.

Der ___________ ist der lange Teil, an dem die Saiten festgemacht sind.

Das Griffbrett ist oben am Hals. Dort setzt man die ___________ auf.

6. Lies den Satz.

Manchmal kann es sein, dass die Geige wunderbare Töne von sich gibt.

7. Lies den Text zweimal halblaut.

Eine Geige ist ein besonderes Instrument. Sie besteht aus Körper, Hals, Saiten Griffbrett, Steg und Schnecke. Der Körper ist das große Holzteil. Der Hals ist der lange Teil, an dem die Saiten festgemacht sind. Das Griffbrett ist oben am Hals. Dort setzt man die Finger auf. Die Schnecke ist ganz oben am Hals, dort sind die Saiten aufgerollt. Dann gibt es noch den Steg. Dieser hebt die Saiten an. Und dann gehört noch der Bogen dazu, mit dem man über die Saiten streicht. Wenn man das alles beherrscht, kann es sein, dass die Geige wunderbare Töne von sich gibt.

8. Kennst du berühmte Geiger oder Geigerinnen?
Schreibe auf.

____

____

Fake News

1. Höre dir den Text zweimal an.

2. Lies die Wörter. Trage die Anzahl der Silben ein.

Informationen	Nachrichten	inzwischen	Videos
realistisch	Medien	beeinflussen	Angst

3. Verbinde die Satzteile miteinander und lies die Sätze mehrfach halblaut.

Fake News sind	werden oft in den sozialen Medien geteilt.
Fake News und diese Videos	falsche Informationen.
Fake News können	Angst und Verwirrung auslösen.

4. Lies genau! Kreuze den richtigen Satz an.

___ Deshalb ist es nicht wichtig, kritisch zu sein und alles zu glauben, was man liest oder sieht!

___ Deshalb ist es wichtig, unkritisch zu sein und alles zu glauben, was man liest oder sieht!

___ Deshalb ist es wichtig, kritisch zu sein und nicht alles zu glauben, was man liest oder sieht!

5. Erkennst du das Wort? Schreibe es dahinter.

Nachrichten Videos Angst Verwirrung

 *die* ____________________

 *die* ____________________

 *die* ____________________

 *die* ____________________

6. Lies den Text über Fake News mit einem Partner oder einer Partnerin im Lesetandem.
Lest also den Text gleichzeitig und übt so lange, bis ihr ihn richtig gut könnt.

Fake News sind falsche Informationen, die oft wie echte Nachrichten aussehen. Inzwischen gibt es auch viele Videos, die nicht realistisch sind. Diese sind durch KI gemacht.
Fake News und diese Videos werden oft in den sozialen Medien geteilt.
Dadurch beeinflussen sie viele Menschen.
Fake News können Angst und Verwirrung auslösen.
Deshalb ist es wichtig, kritisch zu sein und nicht alles zu glauben, was man liest oder sieht! Schau immer genau, schalte deinen Kopf ein und überprüfe die Informationen. Wenn du unsicher bist, frage Freunde, Eltern oder deine Lehrer und Lehrerinnen.

7. Woran erkennst du Fake News, wenn du sie in den Medien liest? Schreibe auf.

____

____

Lesen

1. Höre dir den Text zweimal an.

2. Lies die Wortgruppen langsam.

ein Buch	in die Hand nehmen
viele Abenteuer	erleben
neue Freunde	treffen
über die Welt	lernen
in der Umwelt	zurechtfinden

3. Welche Wörter kommen im Text vor? Kreise ein.

Wirtschatz	Wortschatz	Wertschatz	Wurtschatz
Fähigkeit	Fahrigkeit	Fuhrigkeit	Fohrigkeit
Abentier	Abenteuen	Abenteuer	Aderteuer
Umwelt	Umwie	Umwalt	Umwelm

4. Lies die Wörter von oben nach unten. Versuche, auch die langen Wörter auf einen Blick zu lesen.

du	unterwegs
das	erweitern
liest	sprechen
lesen	wichtige
wenn	lernen
besser	besser
lernen	wenn
wichtige	lesen
sprechen	liest
erweitern	das
unterwegs	du

5. Ein Wort passt nicht. Streiche es durch.

lernen lernen lernen lernen lernen lernen lernen lernen lesen lernen
lesen lesen lesen lesen lesen lesen lernen lesen lesen lesen
Spaß Spaß Spaß Spaß Spaß Spaß Spatz Spaß Spaß Spaß

6. Lies den Text zweimal halblaut.

Du kannst jetzt besser lesen! Das ist großartig. Vielleicht nimmst du ab jetzt lieber ein Buch in die Hand? Wenn du liest, kannst du Abenteuer erleben, neue Freunde treffen und viel über die Welt lernen. Je besser du lesen kannst, umso mehr Spaß macht es. Durch das Lesen kannst du deinen Wortschatz erweitern und dadurch auch besser sprechen. Wenn du gut lesen kannst, findest du dich auch besser in deiner Umwelt zurecht. Auch wenn du online bist, hilft es dir, wenn du gut lesen kannst. Es ist eine wichtige Fähigkeit, die dir in der Schule und im Leben hilft.

7. Lies die Sätze und ergänze die fehlenden Wörter im Kopf.

Je besser du ? kannst, umso mehr ? macht es.

Wenn du ?, kannst du viel über die ? lernen.

Lesen können hilft dir in der ? und im Leben.

8. Wie gut liest du inzwischen? Setze ein Kreuzchen.

1 2 3 4 5 6 7 8 9 10

Check-out

1. Lies den Text. Stoppe die Zeit, die du dafür benötigst.

Die Klassenfahrt – einfach

Noch vier Wochen bis zu den Ferien!
Das ist noch lang, aber vorher machen wir noch eine Klassenfahrt.
Wir durften abstimmen, wohin wir fahren.
Es gab zwei Angebote: Rudern am Bodensee oder Klettern und Wandern im Schwarzwald.
Wir haben uns für das Klettern und das Wandern entschieden.
Wir fahren mit dem Zug.
Alle freuen sich schon, die Aufregung ist groß!
Jeder darf einen Koffer und eine große Tasche mitnehmen.
Hoffentlich reicht es für die ganzen Sachen!
Unsere Lehrerin hat uns die Regeln erklärt.
Regeln müssen auf so einer Fahrt sein.
Es wird bestimmt lustig und aufregend – ein toller Abschluss zum Schuljahr!

2. Berechne deine Lesegeschwindigkeit.
Nutze dieses Vorgehen:

Anzahl der gelesenen Wörter : Gelesene Zeit = Wörter pro Minute

z. B. *104 Wörter : 2 Minuten = 52 Wörter pro Minute*

104 Wörter : ________ Minuten = ________ Wörter pro Minute

3. Hast du alles richtig verstanden?
Kreuze die richtige Antwort an.

Wie lange dauert es noch bis zu den Ferien?

- [ ] Bis zu den Ferien dauert es noch fünf Wochen.
- [ ] Es sind bereits Ferien.
- [ ] Bis zu den Ferien dauert es noch vier Wochen.

Was ist noch vor den Ferien geplant?

- [ ] Vor den Ferien ist noch ein Klassenfest geplant.
- [ ] Vor den Ferien ist noch eine Klassenfahrt geplant.
- [ ] Vor den Ferien ist noch ein Kinobesuch geplant.

Wohin geht die Reise?

- [ ] Die Reise geht an den Bodensee.
- [ ] Die Reise geht in den Schwarzwald.
- [ ] Die Reise geht ans Meer.

Check!

Ich kann Texte flüssig lesen und verstehe den Inhalt.
Wie sicher fühlst du dich in diesem Thema? Bewerte dich selbst auf einer Skala von 1 (unsicher) bis 10 (sehr sicher).

1 2 3 4 5 6 7 8 9 10

Check-out

1. Lies den Text. Stoppe die Zeit, die du dafür benötigst.

Die Klassenfahrt – schwierig

Noch vier Wochen bis zu den Ferien!
Das ist noch lang, aber vorher gehen wir noch eine Woche auf Klassenfahrt. Die Vorfreude ist riesig!
Wir durften abstimmen, wohin die Reise gehen soll.
Wir konnten zwischen zwei Angeboten wählen.
Angebot 1: Rudern an einem See / Konstanz am Bodensee
Angebot 2: Klettern und Wandern im Schwarzwald / Freiburg.
Wir haben uns für das Klettern und Wandern entschieden.
Es wird eine Bergbesteigung geben und eine Nachtwanderung.
Ob das wohl alle durchhalten?
Bestimmt wird es anstrengend, aber auch lustig und aufregend.
Viele von uns überlegen schon, was sie alles einpacken.
Auf jeden Fall brauchen alle feste Schuhe und eine Regenjacke.
Falls es regnet!
Jeder darf auf die Zugfahrt nur einen Koffer und eine große Tasche mitnehmen.
Unsere Lehrerin hat uns auch die Regeln für die Fahrt gegeben.
Ganz ohne Regeln geht es leider nicht, aber es wird bestimmt super!
Das ist ein toller Abschluss zum Ende des Schuljahres.

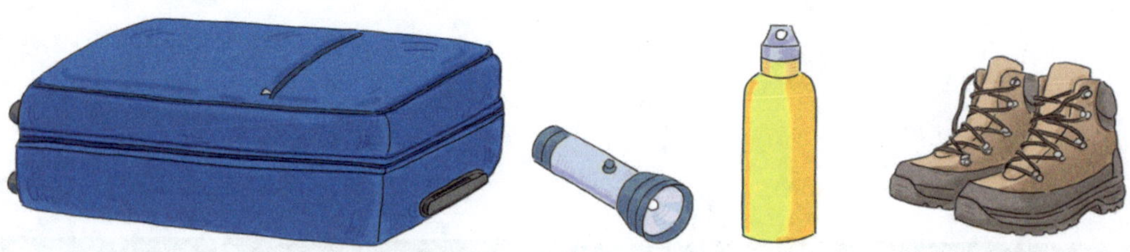

2. Berechne deine Lesegeschwindigkeit.
Nutze dieses Vorgehen:

Anzahl der gelesenen Wörter : Gelesene Zeit = Wörter pro Minute

z. B. *158 Wörter : 2 Minuten = 79 Wörter pro Minute*

158 Wörter : _______ Minuten = _______ Wörter pro Minute

3. Hast du alles richtig verstanden?
Kreuze die richtige Antwort an.

Auf was freuen sich die Schülerinnen und Schüler?

- ☐ Die Schülerinnen und Schüler freuen sich auf eine Klassenfahrt.
- ☐ Die Schülerinnen und Schüler freuen sich auf ein Klassenfest.
- ☐ Die Schülerinnen und Schüler freuen sich auf einen Kinobesuch.

Mit was fahren die Schülerinnen und Schüler auf Klassenfahrt?

- ☐ Die Schülerinnen und Schüler fahren mit dem Auto.
- ☐ Die Schülerinnen und Schüler fahren mit dem Bus.
- ☐ Die Schülerinnen und Schüler fahren mit dem Zug.

Wie viel Gepäck darf jeder mitnehmen?

- ☐ Jeder darf einen Koffer und eine kleine Tasche mitnehmen.
- ☐ Jeder darf nur einen Koffer mitnehmen.
- ☐ Jeder darf einen Koffer und eine große Tasche mitnehmen.

Check! ✓

Ich kann Texte flüssig lesen und verstehe den Inhalt.
Wie sicher fühlst du dich in diesem Thema? Bewerte dich selbst auf einer Skala von 1 (unsicher) bis 10 (sehr sicher).

1 — 2 — 3 — 4 — 5 — 6 — 7 — 8 — 9 — 10

Bildquellen:

|Alamy Stock Photo, Abingdon/Oxfordshire: Kathy deWitt 41.1. |Alamy Stock Photo (RMB), Abingdon/Oxfordshire: Jekic, Dejan 10.9; Otto, Werner 10.2; Williams, John 8.1. |Doering, Svenja, Köln: 10.7. |fotolia.com, New York: Dmytro Konstantynov 8.7; ExQuisine 8.3; gekaskr 10.1; Leijen, Pim 10.6; Lucky Dragon 10.5; moonrun 10.3; Parato - 8.6; rdnzl 9.3; Stefan Rajewski 8.5; Tim UR 9.2; unpict 50.1; waidmannsheil 10.4. |iStockphoto.com, Calgary: Chet_W 8.2; GlobalP 22.1; hkuchera 48.1; photoschmidt 30.1; RossHelen 44.1; Tom Merton Titel. |Shutterstock.com, New York: Aunion, Juan 10.8; Studio113 31.1. |stock.adobe.com, Dublin: coldwaterman 14.1; dispicture 9.1; DoraZett 23.1; fotomaster 49.1; Haase, Nadine 37.1; Häßler, K.-U. 8.4; Isselée, Eric 36.1; Kneschke, Robert 45.1; Lemonlord 55.1; Schäfer, Elvira 15.1; Stefan 10.10; Zemgaliete, Mara 51.1. |Stotz, Imke, Münster: 1.1, 2.1, 3.1, 4.1, 5.1, 6.1, 12.1, 13.1, 17.1, 17.2, 17.3, 17.4, 18.1, 20.1, 21.1, 24.1, 25.1, 26.1, 27.1, 28.1, 28.2, 29.1, 32.1, 33.1, 34.1, 35.1, 39.1, 42.1, 43.1, 46.1, 47.1, 52.1, 53.1, 56.1, 58.1, 59.1, 60.1, 61.1, 62.1, 63.1.

westermann

Arbeitsheft – Lösungen

5|6

Basis Kompetenzen

Leseflüssigkeit

LÖSUNGEN

1. Lies den Text. Stoppe die Zeit, die du dafür benötigst.

Das Klassenfest – einfach

In drei Wochen feiern wir ein großes Klassenfest in unserem Klassenzimmer. Es gibt drei Gruppen. Es gibt eine Gruppe, die sich um Essen und Getränke kümmert. Es gibt eine Gruppe, die sich um die Dekoration und die Musik kümmert. Und es gibt eine Gruppe, die sich um Spiele kümmert. Wir haben gemeinsam entschieden, was wir brauchen. Wir haben auch gemeinsam entschieden, wer was macht. Die Lehrerinnen und Lehrer helfen uns bei der Organisation. Wir haben eine Uhrzeit festgelegt und alles auf einen Plan geschrieben. Am Tag des Festes bauen wir alles auf und dekorieren den Raum.

2. Berechne deine Lesegeschwindigkeit.
Nutze dieses Vorgehen:

Anzahl der gelesenen Wörter : Gelesene Zeit = Wörter pro Minute

z. B. *99 Wörter : 3 Minuten = 33 Wörter pro Minute*

99 Wörter : ______ Minuten = ______ Wörter pro Minute

3. Hast du alles richtig verstanden?
Kreuze die richtige Antwort an.

Auf was freuen sich die Schülerinnen und Schüler?

- [ ] Die Schülerinnen und Schüler freuen sich auf eine Klassenfahrt.
- [X] Die Schülerinnen und Schüler freuen sich auf ein Klassenfest.
- [ ] Die Schülerinnen und Schüler freuen sich auf einen Kinobesuch.

Wie lange dauert es noch, bis das Fest stattfindet?

- [ ] Das Fest findet in drei Monaten statt.
- [X] Das Fest findet in drei Wochen statt.
- [ ] Das Fest findet im nächsten Schuljahr statt.

Wann wird der Raum dekoriert?

- [ ] Der Raum wird nicht dekoriert.
- [ ] Der Raum wird zwei Tage vor dem Fest dekoriert.
- [X] Der Raum wird am Tag des Festes dekoriert.

Check!

Ich kann Texte flüssig lesen und verstehe den Inhalt.
Wie sicher fühlst du dich in diesem Thema? Bewerte dich selbst auf einer Skala von 1 (unsicher) bis 10 (sehr sicher).

1 – 2 – 3 – 4 – 5 – 6 – 7 – 8 – 9 – 10

1. Lies den Text. Stoppe die Zeit, die du dafür benötigst.

Das Klassenfest – schwierig

Die Vorfreude ist groß!
Wir feiern in drei Wochen ein großes Klassenfest in unserem Klassenzimmer.
Das machen wir jedes Jahr ein Mal.
Wir haben lange überlegt, wie wir das Fest gestalten wollen.
Dann haben wir uns in unserer Klasse in Gruppen aufgeteilt.
Es gibt eine Gruppe, die sich ums Essen und Getränke kümmert.
Es gibt eine Gruppe, die sich um die Dekoration und die Musik kümmert.
Und es gibt eine Gruppe, die sich um Spiele kümmert.
Sodass wir genug zu essen, zu trinken und auch Spaß haben!
In den Gruppen haben wir gemeinsam entschieden, was wir brauchen.
Wir haben auch entschieden, wer was macht.
Das Schwierigste war, sich für eine gemeinsame Musik zu entscheiden.
Die Lehrerinnen und Lehrer helfen uns bei der Organisation.
Wir haben auch eine Uhrzeit festgelegt und alles auf einen Plan geschrieben.
Am Tag des Festes bauen wir alles auf und dekorieren den Raum.
Wir freuen uns schon sehr, weil es bestimmt ein tolles Fest wird.

2. Berechne deine Lesegeschwindigkeit.
Nutze dieses Vorgehen:

Anzahl der gelesenen Wörter : Gelesene Zeit = Wörter pro Minute

z. B. *162 Wörter : 3 Minuten = 54 Wörter pro Minute*

162 Wörter : ______ Minuten = ______ Wörter pro Minute

3. Hast du alles richtig verstanden?
Kreuze die richtige Antwort an.

Auf was freuen sich die Schülerinnen und Schüler?

- [ ] Die Schülerinnen und Schüler freuen sich auf eine Klassenfahrt.
- [x] Die Schülerinnen und Schüler freuen sich auf ein Klassenfest.
- [ ] Die Schülerinnen und Schüler freuen sich auf einen Kinobesuch.

Wie lange dauert es noch, bis das Fest stattfindet?

- [ ] Das Fest findet in drei Monaten statt.
- [x] Das Fest findet in drei Wochen statt.
- [ ] Das Fest findet im nächsten Schuljahr statt.

Wann wird der Raum dekoriert?

- [ ] Der Raum wird nicht dekoriert.
- [ ] Der Raum wird zwei Tage vor dem Fest dekoriert.
- [x] Der Raum wird am Tag des Festes dekoriert.

Check!

Ich kann Texte flüssig lesen und verstehe den Inhalt.
Wie sicher fühlst du dich in diesem Thema? Bewerte dich selbst auf einer Skala von 1 (unsicher) bis 10 (sehr sicher).

1 — 2 — 3 — 4 — 5 — 6 — 7 — 8 — 9 — 10

Buchstaben

1. a) Lies alle Wörter.
   b) Schreibe das passende Tier zu dem jeweiligen Anfangsbuchstaben.

Uhu Bär Clownfisch Vogel Igel Fuchs Giraffe Ente Hase
Qualle Katze Lama Tiger Nashorn Wolf Zebra Delfin Raupe
Schwein Maus Affe Jaguar Otter Xenoceratops Yak Panda

A	B	C	D
Affe	*Bär*	*Clownfisch*	*Delfin*
E	F	G	H
Ente	*Fuchs*	*Giraffe*	*Hase*
I	J	K	L
Igel	*Jaguar*	*Katze*	*Lama*
M	N	O	P
Maus	*Nashorn*	*Otter*	*Panda*
Q	R	S	T
Qualle	*Raupe*	*Schwein*	*Tiger*
U	V	W	X
Uhu	*Vogel*	*Wolf*	*Xenoceratops*
Y	Z		
Yak	*Zebra*		

2. Verbinde die Buchstaben in der richtigen Reihenfolge, ohne den Stift abzusetzen. Wie lange brauchst du?

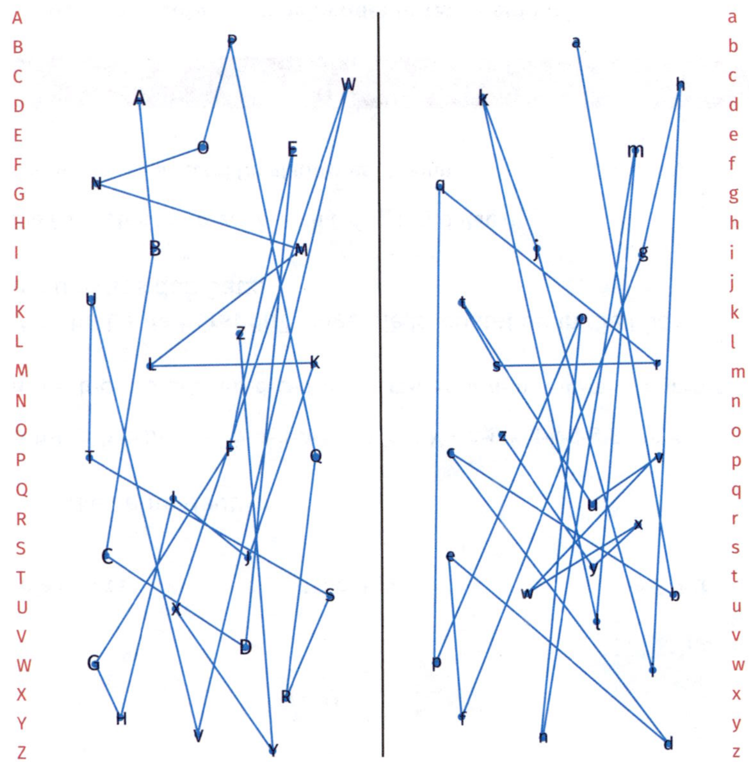

Check!

Ich erkenne alle Groß- und Kleinbuchstaben, die zusammengehören.
Wie sicher fühlst du dich in diesem Thema? Bewerte dich selbst auf einer Skala von 1 (unsicher) bis 10 (sehr sicher).

1 — 2 — 3 — 4 — 5 — 6 — 7 — 8 — 9 — 10

Digital+ | Audio
WES-133630-001

Laute

1. Lies den Buchstaben am Anfang der Zeile und setze ihn in die Lücke des Wortes ein. Lies das Wort.

a	H_a_se
o	H_o_se
O	_O_ma
D	_D_ose
R	_R_ose

2. Was ist das? Streiche den falschen Buchstaben durch. Lies das Wort.

F/~~T~~ isch

~~T~~/B uch

K/~~W~~ anne

~~K~~/T opf

3. Wann hörst du das **N**? Am Anfang, in der Mitte oder am Ende? Kreuze an.

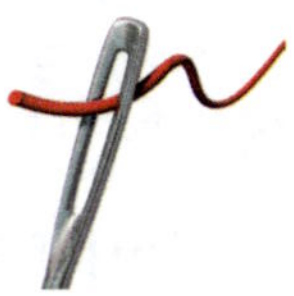

X		

	X	

		X

4. Welches Wort passt nicht? Streiche es durch.

Baum Banane Blume ~~Dach~~ Berg
Marmelade Mutter Mahlzeit ~~Haus~~ Maus
Pferd Pfanne Pfeife ~~Baum~~ Pfahl Pütze

5. Setze den richtigen Buchstaben ein. Verbinde das Wort mit dem richtigen Bild.

ä ö ü

die Fl_ö_te — der K_ä_se — die T_ü_te

6. Lies die Laute deutlich.

b-b-b-p-b-p-b-p-p-p-b-b-p-b-b
d-b-b-b-d-d-b-d-b-d-b-d-d-d-b
g-k-k-g-k-g-k-g-k-g-g-g-k-g-k
m-m-n-n-n-m-n-m-m-m-n-m-n-n-n

7. Welche Laute hörst du? Trage die Buchstaben in die Lücken ein und lies den Satz.

Die Ra_k_eten flie_g_en _d_urch Luf_t_ u_n_d Rau_m_ bis zu den _P_laneten! Du glaubst es _k_aum.

Check!

Ich kann Laute gut voneinander unterscheiden.
Wie sicher fühlst du dich in diesem Thema? Bewerte dich selbst auf einer Skala von 1 (unsicher) bis 10 (sehr sicher).

1 2 3 4 5 6 7 8 9 10

Buchstabenverbindungen

1. Finde die Buchstabenverbindungen und kreise ein.

au: l a u m m b i v a a u m x n v a n a u m p d a i

pf: s t u d g p f u m d g p f i a b s p f l p f h z t p

chs: h z c h s d f g c h z u l a c h s j k i m c h s z t p

ng: n g g n k l i s f n g m m g u n g o y z u n g p i

st: s p t u g h s t p k t s s t r c v q s t b m s l s t i

2. Kreise die Buchstabenverbindungen ein.

au äu eu chs ck ng pf sch st tz

die Hängematte

die Häuser

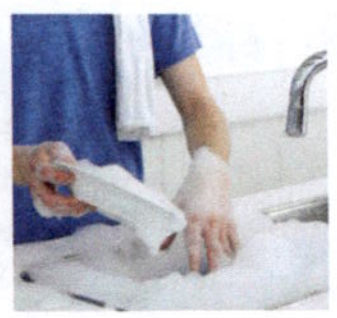
der Schaum

die Eule

die Pfanne

der Fuchs

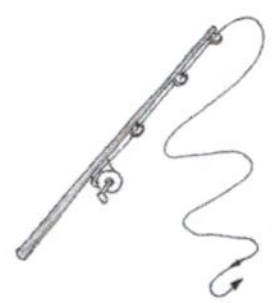
die Angel

das Nest

die Nagellackflasche

der Katzenkratzbaum

3. Finde die Buchstabenverbindungen und markiere sie.

au chs ck ei ng pf sch st tz

au	chs	ei	pf	eu	ck	gn	tz	en	ck
gn	en	au	tz	ei	ch	pf	sch	st	ng
st	gn	ch	au	gn	sch	ei	tz	chs	ng

4. Trage die fehlenden Buchstabenverbindungen ein.
Lies die Wörter.

au ch ng sch st St tz

Pf_au_	Z_au_n	A_ng_el	fa_ng_en
Me_ng_e	Ka_tz_e	Ta_sch_e	kra_ch_en
_St_ein	_st_olpert	_St_orch	_st_olziert

5. Lies die Sätze und umkreise die Buchstabenverbindungen.

Mit der Angel fängt der Angler eine Menge Fische.

Der Pfau stolziert am Zaun auf und ab.

Mit der Tatze fängt die Katze eine Maus.

Der Storch stolpert über einen Stein.

Check!

Ich erkenne Buchstabenverbindungen.
Wie sicher fühlst du dich in diesem Thema? Bewerte dich selbst auf einer Skala von 1 (unsicher) bis 10 (sehr sicher).

1 2 3 4 5 6 7 8 9 10

Silben

1. Zeichne die Silbenbögen unter die Wörter.

brummen schwimmen hoppeln fliegen

schleichen krabbeln kriechen rennen

2. a) Zeichne die Silbenbögen unter die Wörter.
b) Trage sie in die Tabelle ein.

der Tiger der Salamander die Vogelspinne

der Papagei der Fuchs der Bär

die Ente der Hase der Jaguar

1 Silbenbogen	2 Silbenbögen	3 Silbenbögen	4 Silbenbögen
der Fuchs	*der Tiger*	*der Papagei*	*der Salamander*
der Bär	*die Ente*	*der Jaguar*	*die Vogelspinne*
	der Hase		

3. a) Verbinde die zusammengehörenden Silben.
b) Schreibe die Sätze auf die Schreiblinien darunter.

Bä — ren   Ha | sen
brül — len   peln | hop

Die Bären brüllen.   *Die Hasen hoppeln.*

4. Lies alle Silben mindestens dreimal halblaut.

Ap	fel	schei	be
Ves	per	do	se
Kä	se	schei	be
Bröt	chen		
But	ter		

5. Lies den folgenden Satz.

In der Vesperdose liegt ein Käsebrötchen mit einer Apfelscheibe.

Check!

Ich kann alle Wörter in Silben gliedern.
Wie sicher fühlst du dich in diesem Thema? Bewerte dich selbst auf einer Skala von 1 (unsicher) bis 10 (sehr sicher).

1 2 3 4 5 6 7 8 9 10

Vor- und Nachsilben

1. Lies alle Wörter viermal.

ver-	kaufen
ver-	gessen
vor-	lesen
vor-	zeigen
ab-	fahren
ab-	holen
um-	armen
um-	ziehen

2. a) Unterstreiche die Vorsilben.
   b) Markiere die Wortgrenzen mit einem Strich.

vergessen|verkaufen|vorlesen|vorzeigen|abfahren|abholen|umarmen|umziehen

3. a) Welche Wörter passen in die Lücken? Finde passende Wörter und schreibe sie auf.
   b) Unterstreiche die Vorsilben.

Meine Mutter wollte mich von der Schule *abholen* und hat es *vergessen*!

Wir wollten um 8 Uhr am Bahnhof mit dem Zug *abfahren*.

4. Kreise die Vorsilben ein.

ver: ver var vir vin ver vor ver ven vem vum vim ver vem ver

vor: ver vor vir vin ver vor ver von var vum vim vom vor ver

ab: ab al af ap ab ab an ah ai al ab ah an ab

um: um un um in uh ul ue uw um uw um ui ur um

5. Kreise die Nachsilben ein.

heit: heit keit leit feit heit weit feit leit heit keit heim heilt

keit: heit keit leit feit keit weit keit leit heit keit heim heilt

nis: nis mis wis his nis kis sis mis nis lis eis meis neis nis

ung: hnd und ung hun ang ung nng ong ung ing ung rng

6. Lies alle Wörter viermal.

die Dunkel-	heit
die Krank-	heit
die Beweg-	ung
die Einlad-	ung
die Sauber-	keit
das Ergeb-	nis
das Erleb-	nis
die Höflich-	keit

7. Unterstreiche die typischen Nachsilben.

Freiheit	Traurigkeit	Erlaubnis	Erfahrung	Überraschung
Geheimnis	Ewigkeit	Klugheit	Müdigkeit	Hindernis
Wanderung	Geheimnis	Schönheit	Übung	Zeugnis

Check!

Ich kenne Vor- und Nachsilben.
Wie sicher fühlst du dich in diesem Thema? Bewerte dich selbst auf einer Skala von 1 (unsicher) bis 10 (sehr sicher).

1 2 3 4 5 6 7 8 9 10

Kurze Wörter

1. Lies die Wörter halblaut. Stoppe die Zeit. Wiederhole das dreimal.

der
die das
und in zu von
mit auf für an ist ich du
er sie es wir ihr dass nicht ja
aber oder wenn weil so als wie noch
nach bei über vor zwischen ohne um nach
seit während bis durch gegen nach mehr weniger
alles etwas nichts

Zeit:
___:___
___:___
___:___

2. Lies die Wörter flüssig vor.

etwas alles weniger nach über bis so

gegen nichts noch zwischen weil aber oder

3. Hier ist etwas durcheinandergeraten. Finde die Wörter und kreise sie ein.

uxals   doviele   xnachl   pweita   wihrk

maberi   bvonf   lnichtg   inachi   prmitb

4. Verbinde die Reimpaare miteinander.

erwachen   Sorgen   Rasen

Hasen   lachen   Morgen

5. Lies die Wörter und übertrage sie in das passende Wortfeld im Kasten.

jammern schaffen laufen blicken brüllen

tun murmeln schleichen starren bereiten

rennen schreien erledigen schauen sausen

beobachten stapfen herstellen antworten erkennen

sagen
brüllen
jammern
antworten
murmeln
schreien

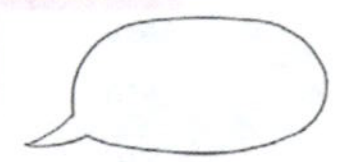

machen
tun
schaffen
bereiten
herstellen
erledigen

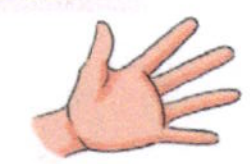

sehen
starren
schauen
blicken
beobachten
erkennen

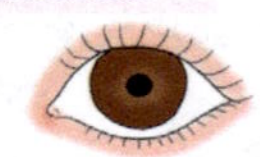

gehen
rennen
sausen
schleichen
laufen
stapfen

Check!

Ich erkenne kurze Wörter auf einem Blick.
Wie sicher fühlst du dich in diesem Thema? Bewerte dich selbst auf einer Skala von 1 (unsicher) bis 10 (sehr sicher).

1 2 3 4 5 6 7 8 9 10

Lange Wörter

1. Unterstreiche die Selbstlaute (Vokale) in den Silben.
   Lies die Wörter mehrmals halblaut.

Biene Wiese Ziege Liege Siebenschläfer Bienenhotel Gießkanne

Straße Strumpf Stein Stern Stock Stalltür Strandkorb Staumeldung

Storchennest Sport Spiel Spaß Spannung Spraydose Spielfeld

2. a) Wie heißt das Wort? Setze die Silben zusammen und schreibe das Wort auf.
   b) Ergänze die Silbenbögen.

Kaf tas fee se	die	*Kaffeetasse*
men va se Blu	die	*Blumenvase*
Vo haus gel	das	*Vogelhaus*
tisch Gar ten	der	*Gartentisch*
Ra her sen mä	der	*Rasenmäher*
schirm nen Son	der	*Sonnenschirm*
plat Ku chen te	die	*Kuchenplatte*
stuhl ge Lie	der	*Liegestuhl*

3. Schreibe einen Satz, in dem mindestens zwei dieser Wörter vorkommen.

Musterlösung: Ich sitze unter dem Sonnenschirm an einem Gartentisch.

4. Lies die Wörter und schreibe die passende Silbenzahl darunter.
   Tipp: Folgende Zahlen kommen vor: 2 2 3 3 5 6 6 7 8.

Wasser	Wasserfall	Dinosaurier	Maschine
2	*3*	*5*	*3*
Ausweis	Schokoladentafel	Bibliotheksausweis	
2	*6*	*6*	
Dinosauriergeschichte	Papierschneidemaschine		
8	*7*		

5. Lies die Wörter. Folge den Pfeilen.

Wasserfall → Falltür → Türschloss → Schlossgarten → Gartenstuhl → Stuhlreihe → Reihenhaus → Hausschlüssel → Schlüsselanhänger → Hängebrücke

Check! ✓

Ich kann lange Wörter lesen und einzelne Buchstaben auf einen Blick erkenne.
Wie sicher fühlst du dich in diesem Thema? Bewerte dich selbst auf einer Skala von 1 (unsicher) bis 10 (sehr sicher).

1 2 3 4 5 6 7 8 9 10

Sätze

1. Lies die Satzteile. Verbinde immer die zwei, die zusammenpassen.

Hühner haben Federn,	Gras und Insekten.
Sie fressen Körner,	einen Schnabel und legen Eier.
Hühner leben gern	mit anderen Hühnern zusammen.

2. Streiche die Wörter durch, die nicht passen. Lies die Sätze halblaut vor.

Haushühner sind Tiere ~~Taschen~~, die oft auf Bauernhöfen ~~Hochhäusern~~ leben.

Sie haben Federn, einen Schnabel und legen ~~stellen~~ Eier.

Hühner fressen ~~lachen~~ Körner, Gras und Insekten.

Sie benötigen ausreichend ~~keinen~~ Platz, Futter und ~~Watte~~ Wasser.

3. Lies den Text zweimal.

Hühner gibt es in unterschiedlichen Arten. Diese Arten unterscheiden sich in ihrem Aussehen und ihrem Verhalten. Das Gefieder kann weiß, schwarz, braun und getupft sein. Sie legen auch unterschiedliche Eier. Die Eier sind groß oder klein, schwarz, braun, weiß oder auch gepunktet.

4. Die Verse beim Gedicht sind durcheinandergeraten. Verbinde die Satzteile miteinander, die sich reimen.

Es war einmal ein Huhn,	Und rief: „Hurra! Juchhei!“
Es lief herum im Kreis,	Da haben alle hingeschaut.
Dann legte es ein Ei,	Dann pickte es ganz leis.
Es gackerte ganz laut –	Das wusste nicht, was zu tun.

5. Schreibe das Gedicht auf.

Es war einmal ein Huhn,
Das wusste nicht, was zu tun.
Es lief herum im Kreis,
Dann pickte es ganz leis.
Dann legte es ein Ei
Und rief: „Hurra! Juchhei!“
Es gackerte ganz laut –
Da haben alle hingeschaut.

6. Liest das Gedicht laut und betont.

Check!

Ich kann vollständige Sätze sicher lesen.
Wie sicher fühlst du dich in diesem Thema? Bewerte dich selbst auf einer Skala von 1 (unsicher) bis 10 (sehr sicher).

1 2 3 4 5 6 7 8 9 10

Der Hundekauf

1. Höre dir den Text zweimal an.

2. Kreise die Wörter ein, die im Text vorkommen.

Hand Hose Hund Hase Huhn Hamster

Haustür Haus Haustier Husten Hausarzt

Lob Leid Lied Liebe Liebelei Lust

Tierärztin Tierpfleger Tiere Tierarzt Tierpflegerin

Freund Feind Freunde Freundin Freude

3. Setze die Silben der Wörter richtig zusammen. Schreibe auf.

ant Ver tung wor — *die Verantwortung*

Auf merk keit sam — *die Aufmerksamkeit*

zeug Spiel — *das Spielzeug*

4. Lies die Wortgruppen.

Fell	pflegen
Futter	kaufen
spazieren	gehen
Liebe	geben
Dinge	beachten

5. Kannst du die Wörter erkennen? Lies die Wörter.

die Ver✱wortung	die Aufm✱ksamkeit	die Fü✱erung
die Fell✱ege	der Spazi✱gang	die Fre✱ndschaft

6. Lies den Text zweimal halblaut.

Wenn man einen Hund kaufen möchte, sind viele Dinge zu beachten. Er ist ein Haustier, das viel Liebe und Aufmerksamkeit braucht. Man muss regelmäßig mit ihm spazieren gehen, ihn erziehen, ihn füttern und sein Fell pflegen. Das kostet viel Zeit und man hat eine große Verantwortung. Außerdem kostet ein Hund Geld für Futter, Tierarzt und Spielzeug. Ein Hund kann ein toller Freund sein, aber es braucht Verantwortung!

7. Kannst du die Sätze trotz fehlender Wörter richtig lesen? Versuche es.

Wenn man einen Hund ? möchte, sind viele Dinge zu ?.
Er ist ein Haustier, das viel Liebe und ? braucht.
Man muss regelmäßig mit ihm spazieren ?, ihn erziehen,
ihn füttern und sein Fell ?.

8. Welches Haustier hättest du gerne? Schreibe auf.

Musterlösung: Ich hätte gerne eine Katze, mit der ich kuscheln und spielen kann.

Digital+ | Audio
WES-133630-003

Streit in der Familie

1. Höre dir den Text zweimal an.

2. Diese Wörter kommen im Text vor. Lies sie langsam.

Hausaufgaben Computerzeiten Lösung Kompromiss Taschengeld

3. Lies die Wörter so schnell wie möglich.

schreien sprechen schreit sprechen schreien sprach schrie spricht

sagen fühlen sagten fühlt sagen fühlen sagt fühlten sagen fühlen

finden versuchen finden versuchten fand versuchen finden versuchen

4. a) ***ei*** oder ***ie***? Trage ein.

str_*ei*_ten

w_*ie*_der

schr_*ei*_en

b) ***ss*** oder ***mm***? Trage ein.

das Zi_*mm*_er

be_*ss*_er

i_*mm*_er

5. Lies die Sätze.

Es gibt Streit in der Familie.

Es ist wichtig, nicht zu schreien.

6. Lies den Text zweimal halblaut.

Streit in der Familie gibt es immer wieder. Gestritten wird oft über das Taschengeld, über das Hausaufgaben machen, über das Zimmer aufräumen, über Computerzeiten … Es ist wichtig, darüber in Ruhe zu sprechen und nicht zu schreien. Man kann dann besser sagen, wie man sich fühlt und versuchen, eine Lösung zu finden. Nicht immer geht es so, wie man es sich wünscht, aber vielleicht findet man einen Kompromiss!

7. Kannst du die Sätze trotz der fehlenden Buchstaben richtig lesen? Versuche es.

Streit in der Familie gibt es imm… wied…

Nicht immer geht es so, wie man es sich wünscht, aber vielle…t findet

man einen Kompro…s!

8. Über was streitet ihr manchmal in der Familie? Schreibe auf.

Musterlösung: Wir streiten manchmal über die Aufgabenteilung im Haushalt.

Das Taschengeld

1. Höre dir den Text zweimal an.

2. Lies die Wörter.

Taschen-	geld
Krims-	krams
Geld-	beutel
Süßig-	keiten

3. Was gehört zusammen? Verbinde die Wörter miteinander.

bekommst	ausgegeben
einteilen	schaffst
ausgeben	bekommen
sparen	sparst
schaffen	eingeteilt

4. Lies immer von oben nach unten.

Taschengeld einteilen	Taschengeld sparen	Taschengeld einteilen
Taschengeld ausgeben	Taschengeld ausgeben	Taschengeld sparen
Taschengeld sparen	Taschengeld einteilen	Taschengeld ausgeben

5. Welches Wort ist gemeint? Kreise es ein.

I I I I I I	deinen	einmal
I I I I I	haben	gerne
I I I I I I I I I I	Klamotten	Krimskrams

6. Lies den Text zweimal halblaut.

Bekommst du Taschengeld von deinen Eltern? Taschengeld bekommt man meistens einmal in der Woche oder einmal im Monat. Es muss gut eingeteilt werden, aber das ist manchmal sehr schwer! Es gibt so Vieles, was man gerne haben möchte. Das Geld wird oft für Süßes, Klamotten oder Krimskrams ausgegeben. Ruckzuck ist dann der Geldbeutel leer! Oder ist das bei dir anders? Schaffst du es, dein Taschengeld einzuteilen? Sparst du dein Geld, um dir etwas Großes kaufen zu können?

7. Suche Nomen mit unterschiedlicher Silbenanzahl im Text. Ergänze sie.

3 Silben: *das T__aschengeld__, der G__eldbeutel__, die K__lamotten__*

2 Silben: *die E__ltern__, die W__oche__, der M__onat__*

1 Silbe: *das G__eld__*

8. Für was gibst du dein Geld aus? Schreibe auf.

Musterlösung: Da ich sehr gerne lese, gebe ich mein Geld für Bücher aus.

Digital+ | Audio
WES-133630-005

Der Liebeskummer

1. Höre dir den Text zweimal an.

2. Lies die Wörter halblaut.

verletzt	fühlen	alleine
enttäuscht	sein	fühlen
abgewiesen	werden	Freude

3. Lies die Sätze flüssig.

Diesen Kummer kennen viele Menschen.

Diesen Kummer kennen viele Menschen.

4. Lies den Text zweimal halblaut.

Liebeskummer tut weh. Es tut auch weh, wenn man von einer guten Freundin oder einem guten Freund enttäuscht oder abgewiesen wird. Das ist dann kein Liebeskummer, sondern eher ein „Freundschaftskummer“. Bei beiden fühlt man sich alleine, verletzt und ist enttäuscht. Manchmal wird es besser, wenn man mit einer anderen Freundin oder einem Freund darüber spricht. Man kann auch Dinge tun, die einem Freude bringen und ablenken. Man kann Sport machen, Musik hören oder ein Hobby ausüben. Diesen Kummer kennen viele Menschen!

5. Lies die Wörter von oben nach unten.
Versuche, auch die langen Wörter auf einen Blick zu lesen.

ein	eher
tun	guten
man	besser
wenn	alleine
Kummer	anderem
ausüben	enttäuscht
Freundin	manchmal
ablenken	abgewiesen
Menschen	Liebeskummer
Liebeskummer	Freundschaftskummer

6. Kannst du die Sätze trotz fehlender Wörter richtig lesen? Versuche es.

Liebeskummer tut weh. Es tut auch ? , wenn man von einer guten Freundin oder einem guten ? enttäuscht oder abgewiesen wird. Das ist dann kein Liebeskummer, sondern eher ein ? . Bei beiden fühlt man sich alleine, verletzt und ? enttäuscht. Manchmal wird es besser, wenn man mit einer anderen ? oder einem Freund darüber spricht. Man kann auch ? tun, die einem Freude bringen und ablenken. Man kann Sport ? , Musik ? oder ein Hobby ausüben. Diesen Kummer kennen viele ? .

7. Was würdest du tun, um dich abzulenken? Schreibe auf.

Musterlösung: Ich würde ganz laut meine Lieblingsmusik hören.

Ein neues Handy

1. Höre dir den Text zweimal an.

2. Lies die Wörter aus dem Text möglichst schnell und fehlerfrei.

hat	dir	hauptsachlich	überlege
Geist	gut	Akku	an
es	machen	fotografieren	und
eine	möchtest	brauchst	verschiedene
riesige	bevor	neues	auch
klar	es	Handy	vergleiche
neues	kaufst	wichtig	gebrauchtes

3. Folge den Linien und lies die Wörter in einem fließenden Satz.

Das Handy hat den Geist aufgegben.

Du brauchst ein neues Handy.

4. Suche die Unterschiede in den beiden Reihen. Markiere sie.

HANDYGEISTKAMERAMODELLAKKUPREISSPIEL

HANDUGEBSTKANERAMODEFLAKKGPREILSPIET

5. Setze die Silben der Wörter richtig zusammen. Schreibe auf.

ü le ber gen — *überlegen*

fo gra to fie ren — *fotografieren*

6. Lies den Text zweimal halblaut.

Dein Handy hat den Geist aufgegeben? Es hat eine riesige Spider-App? Ganz klar, du brauchst ein neues Handy. Überlege dir gut, was du mit dem Handy machen möchtest, bevor du es kaufst. Brauchst du es hauptsächlich zum Chatten oder zum Spielen? Dann ist ein guter Akku wichtig. Fotografierst du gerne? Dann brauchst du z. B. ein Handy mit einer guten Kamera. Schau dir verschiedene Modelle an und vergleiche die Preise. Überlege auch, ob es wirklich ein neues Handy sein muss oder ob du auch ein gebrauchtes kaufen könntest.

7. a) Hier fehlen die Vokale. Lies die Sätze trotzdem richtig.
   b) Unterstreiche dann die Sätze oben im Text.

Übrlg g dr gt, ws d mt dm Hndy mchn möchtst, bvr d e kfst.

Sch dr vrschdn Mdll n nd vrglich d Prs.

8. Was ist für dich an einem Handy wichtig? Schreibe auf.

Musterlösung: Mir ist eine gute Kamera besonders wichtig.

Digital+ | Audio
WES-133630-007

Der Schulwechsel

1. Höre dir den Text zweimal an.

2. Lies die Wörter.

Arbeitsstelle	bekommen
umziehen	Familie
bisschen	Fußballverein
spannendes	Abenteuer

3. Diese Wörter kommen im Text vor. Trenne sie mit einem Strich voneinander.

Vater|Arbeitsstelle|neu|Familie|umziehen|Stadt

nicht|keine|neue|möchte|bleibt|wie|es|ist

Schule|Freunde|Lehrer|Wohnung|Fußballverein

sieht|freut|sich|neue|Dinge|Abenteuer

4. Aus wie vielen Buchstaben bestehen die Wörter? Schreibe die Buchstabenanzahl in den Kasten.

nicht	spannendes	umziehen	anderen	Abenteuer
5	*10*	*8*	*7*	*9*

5. Suche dir einer Partnerin oder einem Partner. Einer tippt hintereinander mit einem Stift auf 10 verschiedene Wörter, der andere liest blitzschnell laut vor. Dann wird gewechselt!

ihr sich auch auf und die in einer neuer neue das dass wie es ist hat ein

hat das neuer ihr sich eine neue in es wie und die auch einer dass ist auf

eine auf neue es hat wie sich das auch in ihr die ist ein einer und dass

6. Lies den Text zweimal halblaut.

Kim hat schlechte Laune. Ihr Vater hat eine neue Arbeitsstelle in einer anderen Stadt bekommen. Die Familie muss umziehen. Kim ist gleichzeitig wütend und traurig. Sie möchte die Schule nicht wechseln. Sie möchte keine neuen Freunde finden müssen. Sie möchte keine neuen Lehrer haben. Sie möchte, dass alles bleibt, wie es ist. Sihan, ihr Bruder, sieht das ein bisschen anders. Er freut sich auch auf die ganzen neuen Dinge. Eine neue Schule, neue Freunde, neue Lehrer, eine neue Wohnung, ein neuer Fußballverein, das kann ein spannendes Abenteuer werden!

7. Trage die Zeile und die Position ein, an der das Wort steht.

Wort	Zeile	Position
gleichzeitig	*3*	*7*
anders	*8*	*8*
spannendes	*12*	*4*
Abenteuer	*12*	*5*

8. Ist ein Umzug in eine andere Stadt ein Grund zum Traurig sein? Was denkst du? Schreibe auf.

Ja, denn man verliert seine Freundinnen und Freunde und muss neue Freundschaften schließen.

Soziale Medien

1. Höre dir den Text zweimal an.

2. Lies diese Wörter möglichst schnell und fehlerfrei.

auf	wichtig	ersetzen
sind	werden	keine
denen	geteilt	keinen
diesen	aber	und
gibt	darf	ist
viele	auf	es
möglichst	nicht	sein
dabei	echte	bekommen
freundlich	höflich	respektvoll

3. a) Finde im Kasten vier Wörter aus dem Text. Markiere sie.
b) Schreibe sie auf.

A	W	V	B	O	A	X	M
L	E	I	R	M	U	T	E
Y	L	D	S	K	G	E	D
P	T	E	F	Y	R	C	I
U	U	O	T	S	Q	E	E
K	S	S	B	K	Z	U	N
G	R	A	T	I	V	U	F
L	F	R	E	U	N	D	Z

die *Welt*, die *Medien*, die *Videos*, der *Freund*

4. Markiere die Wortgrenzen. Schreibe den Satz ab.

Dabei|ist|es|wichtig|freundlich|höflich|und|respektvoll|zu|sein.

Dabei ist es wichtig, freundlich, höflich und respektvoll zu sein.

5. Lies den Text zweimal halblaut.

Soziale Medien sind Online-Plattformen, auf denen Menschen miteinander kommunizieren können. Auf diesen Plattformen gibt es viele und verschiedene Apps. Viele nutzen sie, um mit möglichst vielen Menschen Fotos, Videos und Informationen zu teilen. Dabei ist es wichtig, freundlich, höflich und respektvoll zu sein! Viele Videos und Informationen werden geteilt, um möglichst viele „Likes“ zu bekommen. Aber wer in den sozialen Medien „unterwegs“ ist, darf nicht vergessen, dass es nicht die echte Welt ist! 100 Likes ersetzen keine Freundin und keinen Freund!

6. Immer zwei Wörter meinen ungefähr dasselbe.
Lies und verbinde die Wörter.

teilen	erhalten
kommunizieren	unterhalten
bekommen	verbreiten

(teilen – verbreiten, kommunizieren – unterhalten, bekommen – erhalten)

7. Nutzt du die sozialen Medien? Wenn ja, welche?
Schreibe auf!

Musterlösung: Ich nutze keine sozialen Medien.

Katzen

1. Höre dir den Text zweimal an.

2. Welche Wörter kommen nicht im Text vor? Streiche die Wörter durch.

Katzen Mäuse Vögel ~~Tiger~~ Insekten

kuscheln schnurren spielen erkunden ~~fahren~~

3. Lies die Wörter.

interessant geheimnisvoll unabhängig eigenwillig neugierig

4. Kannst du die Sätze lesen? Versuche es.

Katzen sind interessante und auch geheimnisvolle Tiere.

Katzen sind manchmal stur und entscheiden selbst, wann sie gestreichelt werden wollen.

Sie schnurren oder kuscheln sich an und zeigen damit, dass sie sich wohlfühlen.

Sie jagen Mäuse, Vögel und manchmal sogar Insekten.

5. Lies den Text zweimal halblaut.

Katzen sind interessante und auch geheimnisvolle Tiere. Sie sind oft unabhängig, eigenwillig und mögen es, <u>alleine</u> zu sein. Katzen sind manchmal <u>stur</u> und entscheiden selbst, wann sie gestreichelt werden wollen. Sie kommen aber auch gerne zu ihren <u>Menschen</u>. Sie schnurren oder kuscheln sich an und <u>zeigen</u> damit, dass sie sich wohlfühlen. Katzen sind neugierig und erkunden gerne alles um sich herum. Sie spielen viel, besonders mit kleinen Spielzeugen. Manchmal sind sie auch gute Jäger. Sie <u>jagen</u> Mäuse, Vögel und manchmal sogar Insekten. Aber sie haben nicht immer <u>Erfolg</u>!

6. a) Unterstreiche die Wörter im Text.
b) Ordne sie in die richtige Tabellenspalte ein.

Erfolg Menschen jagen zeigen alleine stur

Nomen	Verben	Adjektive
Erfolg	*zeigen*	*stur*
Menschen	*jagen*	*allein*

7. Möchtest du auch eine Katze oder ein anderes Haustier? Schreibe auf.

Musterlösung: Ich möchte gerne einen Hund haben. Mit ihm könnte ich im Garten spielen.

Modelabels

1. Höre dir den Text zweimal an.

2. Welches Wort kommt im Text vor? Kreise das Wort in jeder Zeile ein.

Tante	Trainer	Tunnel	Turnschuhe	Tannenbaum
Rennpferd	Rabe	Ruderboot	Rucksack	Reisebüro
Kleider	Kleiderbügel	Kleiderstange	Kleidung	Kleinwagen

3. Aus wie vielen Buchstaben bestehen die Wörter? Schreibe die Buchstabenanzahl in den Kasten.

anerkannt	trotzdem	unterstreichen	cool	hip
9	8	14	4	3

Selbstbewusstheit	Klamotten	Kleidung	Stil
17	9	8	4

4. Lies die Wörter aus dem Text möglichst schnell und fehlerfrei.

Stil Typ Marke Firmen Kleidung Wahrheit Typ Selbstbewusstsein
Typ Firmen Kleidung Stil Marke Wahrheit Selbstbewusstsein Typ

5. Lies die Sätze fehlerfrei und schnell.

In Wahrheit wird niemand besser, schöner, klüger, cooler, nur weil er eine bestimmte Kleidung trägt.

Nur weil er eine bestimmte Kleidung trägt, wird in Wahrheit niemand besser, schöner, klüger und cooler.

Besser, schöner, klüger und cooler wird in Wahrheit niemand, nur weil er eine bestimmte Kleidung trägt.

6. Lies den Text zweimal halblaut.

Turnschuhe von einer bestimmten Marke? Rucksäcke von einem bestimmten Label? Kleidung von bestimmten Firmen, die man einfach haben muss? Damit man möglichst cool und trendy wirkt? Viele Jugendliche legen Wert auf Marken, weil sie hip sein möchten. In Wahrheit wird niemand besser, schöner, klüger, cooler, nur weil er eine bestimmte Kleidung trägt. Und trotzdem helfen Klamotten manchmal, den eignen Typ zu unterstreichen und für Selbstbewusstsein zu sorgen. Es ist wichtig, deinen eigenen Stil zu finden. Denn das Wichtigste, das in der Kleidung steckt, bist DU!

7. Lies die Sätze. Jeweils ein Wort ist zu viel. Streiche es durch.

Damit man möglichst cool und ~~und~~ trendy wirkt?
Es ist ~~um~~ wichtig, deinen eigenen Stil zu finden.
Denn das Wichtigste, das in der ~~der~~ Kleidung steckt, bist DU!

8. Legst du Wert auf bestimmte Marken? Schreibe auf.

Musterlösung: Ich lege keinen Wert auf Marken, da mir dir Qualität wichtiger ist.

Schuluniformen

1. Höre dir den Text zweimal an.

2. Lies die Wörter schnell und flüssig.

wieder immer über gibt haben und immer über wieder gibt ist haben und alle ist das kann wegen oder werden das ist oder wegen alle kann das eine das ist nicht möchte kann man die ist das eine man möchte kann können sein eine auch oder nicht mag man sein eine können oder mag hoch sehr sein die für hoch aber eine sehr sein gibt so aber dass sehr

3. Welche Wörter sind hier versteckt? Schreibe die Wörter auf die Linien.

Dis nen kus sio	*die Diskussionen*
uni men for Schul	*die Schuluniformen*
dung Klei	*die Kleidung*
teil Nach	*der Nachteil*
au dem ßer	*außerdem*
be quem un	*unbequem*

4. Welche Satzteile gehören zusammen? Verbinde sie.

Schuluniformen können auch unbequem sein	so dass niemand ausgegrenzt wird.
Für manche Familien sind die Kosten	oder eine Farbe haben, die man nicht mag.
Dafür gibt es aber meistens eine Lösung,	für eine Schuluniform sehr hoch.

(Lösung: Schuluniformen können auch unbequem sein – oder eine Farbe haben, die man nicht mag. Für manche Familien sind die Kosten – für eine Schuluniform sehr hoch. Dafür gibt es aber meistens eine Lösung, – so dass niemand ausgegrenzt wird.)

5. Lies den Text zweimal halblaut.

Immer wieder gibt es Diskussionen über Schuluniformen. Schuluniformen haben Vor- und Nachteile. Ein Vorteil ist, dass alle das gleiche tragen. Dann kann niemand wegen seiner Kleidung ausgelacht oder gemobbt werden. Außerdem stärkt eine Schuluniform das Gemeinschaftsgefühl. Ein Nachteil ist, dass man in der Schule nicht die Kleider anziehen kann, die man möchte. Schuluniformen können auch unbequem sein oder eine Farbe haben, die man nicht mag. Für manche Familien sind die Kosten für eine Schuluniform sehr hoch. Dafür gibt es aber oft eine Lösung, so dass niemand ausgegrenzt wird.

6. Im Text fehlen einzelne Buchstaben. Lies den Text mehrmals flüssig.

Imm-r wied-r gi-t es D-skussio-en üb-r Sch-lun-form-n.

Schu-unif-rmen hab-n V-r- u-d N-ch-eile.

Ein V-rteil ist, d-ss alle das g-eiche-tra-en.

7. Wie ist deine Meinung zu Schuluniformen? Schreibe auf.

Musterlösung: Ich finde Schuluniformen gut, da sich niemand durch seine Kleidung ausgeschlossen fühlt.

Lernen macht Freude

1. Höre dir den zweimal Text an.

2. Lies die Silben deutlich abgesetzt. Lies dann das ganze Wort noch einmal.

zwischendurch verlieren Hausaufgaben
Präsentationen Klassenarbeiten Sportlersprache

3. Welches Wort kommt im Text nicht vor? Streiche in jeder Reihe ein Wort durch.

Lernen	Schule	~~Kindergarten~~	
Freude	Stolz	~~Ärger~~	
Englisch	Deutsch	~~Französisch~~	Sport
Hausaufgaben	Klassenarbeiten	~~Diktate~~	Präsentationen

4. Lies die Wörter.

Deutsch	-stunde	Mathe	-heft	Physik	-arbeit	Ethik	-stunde
	-buch		-stunde		-stunde		-ordner
	-heft		-buch		-ordner		-arbeit

5. Folge den Linien und lies die Wörter in einem fließenden Satz.

Dinge gut zu können, macht Freude und Stolz!

6. Lies den Text zweimal halblaut.

Lernen macht Freude! Schule macht Spaß! Ernsthaft? Immer? An einem Morgen Mathe, Bio, Deutsch, Englisch, Physik, Ethik und am Mittag noch zwei Stunden Sport. Hausaufgaben, Präsentationen, Klassenarbeiten und kein Ende in Sicht. Manchmal ist es sehr viel. So, dass man schon mal die Lust am Lernen verlieren kann. Trotzdem lohnt es sich am Ball zu bleiben, um es in Sportlersprache zu sagen! Dinge gut zu können, macht Freude und Stolz! Und du weißt ja: Übung macht den Meister – und die Meisterin!

7. Es fehlen die Lücken zwischen den Wörtern. Lies den Text fließend.

LernenmachtFreude!SchulemachtSpaß!Ernsthaft?Immer?AneinemMorgen Mathe,Bio,Deutsch,Englisch,Physik,EthikundamMittagnochzweiStunden Sport.Hausaufgaben,Präsentationen,KlassenarbeitenundkeinEndeinSicht.

8. Alles ist in Großbuchstaben geschrieben. Lies den Text fließend.

TROTZDEMLOHNTESSICHAMBALLZUBLEIBEN,UMESINSPORTLERSPRACHE ZUSAGEN!DINGEGUTZUKÖNNEN,MACHTFREUDEUNDSTOLZ!

9. Welche Fächer machen dir Freude? Warum? Schreibe auf.

Musterlösung: Mir macht Sport besonders Spaß, da ich mich richtig auspowern kann.

Handwerkliche Berufe

1. Höre dir den Text zweimal an.

2. Welche Wörter kommen im Text vor? Lies und kreise die Wörter ein.

Beruf Handwerker Handwerksberuf Berufe Berufspraktikum

nachgedacht verschiedene praktisch kreativ Elefant

3. Welches Wort ist gemeint? Lies und schreibe es auf.

bil Aus dung — *die Ausbildung*

wer ker Hand — *der Handwerker*

Hand be werks ruf — *der Handwerksberuf*

prak kum Be ti rufs — *das Berufspraktikum*

4. Suche die Unterschiede in der zweiten Reihe. Markiere sie.

Arbeitest du gerne praktisch und mit den Händen?

Urbeitest di derne braktisch und mot din Mänden?

Die Ausbildung dauert meist drei Jahre.

Die Auspildung mauert neist drei Jahre.

5. Lies den Text zweimal halblaut.

Hast du schon einmal darüber nachgedacht, welchen Beruf du lernen möchtest? Hast du schon einmal über einen Handwerksberuf nachgedacht? Bestimmt gibt es von deiner der Schule aus bald ein Berufspraktikum. Da ist es klug, sich vorher über verschiedene Berufe zu informieren. Arbeitest du gerne praktisch und mit den Händen? Tischler, Elektriker, Bäcker, Klempner, Schneider sind Berufe, in denen man praktische Fähigkeiten braucht. Handwerkerinnen und Handwerker müssen auch kreativ sein, eigene Ideen entwickeln und Probleme lösen können. Die Ausbildung dauert meist drei Jahre und bietet auch viele Chancen auf einen guten Job.

6. Hier ist alles großgeschrieben. Trenne die Wörter mit einem Strich voneinander. Lies den Satz.

HAST|DU|SCHON|EINMAL|ÜBER|EINEN|HANDWERKSBERUF|NACHGEDACHT?

7. Welchen Berufswunsch hast du? Schreibe auf.

Musterlösung: Ich möchte gern Tischlerin werden, da ich gerne Möbel bauen möchte.

Die Musik

1. Höre dir den Text zweimal an.

2. Kreise die Wörter ein, die im Text vorkommen.

Musik	Meister	Musiker	Musikstücke	Mathematik
Freude	Freunde	Fahrrad	Futter	Familie
Gitarre	Klavier	Trompete	Schlagzeug	Flöte

3. Lies die Wörter silbisch.

das Instrument das Beispiel das Musikstück komponieren musizieren

Schreibe die Wörter auf.

In ment stru — *das Instrument*

Bei spiel — *das Beispiel*

stück Mu sik — *das Musikstück*

4. Lies die Sätze.

Du kannst
- Lieder spielen.
- Musikstücke komponieren.
- mit Freundinnen und Freunden musizieren.
- ein Instrument spielen.

5. Welches Wort ist gemeint? Kreise es ein.

|||||||||	Schlagzeug	Saxophon
|||||	Klavier	Flöte
||||||||	Trompete	Gitarre
|||||	Flöte	Geige

6. Lies den Text zweimal halblaut.

Wer selber Musik machen kann, ist klar im Vorteil! Mit Musik machen ist hier das Spielen eines Instruments gemeint. Das kann zum Beispiel eine Gitarre, ein Klavier, eine Geige, eine Trompete, ein Schlagzeug oder eine Flöte sein. Wenn du ein Instrument spielen kannst, wird es dir nie langweilig und bist du nie alleine. Du hast immer die Musik, die dich begleitet. Du kannst eigene Songs komponieren, Musikstücke und Lieder spielen, die dir gefallen. Es macht auch Freude mit Freundinnen und Freunden zu musizieren. Während des Spielens fühlen sich viele Musiker glücklich und frei.

7. Kannst du ein Instrument spielen? Welches würdest du gerne spielen können? Schreibe auf.

Musterlösung: Ich kann kein Instrument spielen, würde aber gerne Saxophon spielen können.

Die Wölfe

1. Höre dir den Text zweimal an.

2. Lies die Wörter langsam und deutlich.

die Argumente	das Gleichgewicht	das Ökosystem
die Raubtiere	die Ansiedlung	die Nutztiere
das Gleichgewicht	die Nutztiere	die Ansiedlung
die Raubtiere	das Ökosystem	die Argumente
faszinieren	diskutieren	jagen
faszinierend	diskutiert	jagen

3. Verbinde die Wörter. Einzahl und Mehrzahl gehört zusammen.

der Wolf	die Bauern
die Lösung	die Menschen
der Bauer	die Tiere
das Tier	die Wölfe
der Mensch	die Lösungen

4. Lies diese Wörter.

disk...ieren ja...en so...en fin...en angr...fen

5. Ein Satz kommt nicht im Text vor. Lies und streiche ihn durch.

Wölfe sind Raubtiere.
Wölfe sind auch faszinierende Tiere.
Es gibt viele Geschichten über sie.
~~Es ist wichtig, keine gute Lösung zu finden.~~

6. Trenne die Wörter voneinander mit einem Strich.

gibt|es|in|wird|viel|und|auch|zum|sie|die|dass|so

oft|und|die|gegen|der|für|ein|in|frei|gute|es|gibt

7. Lies den Text zweimal halblaut.

1 Wölfe sind Raubtiere.
2 Seit ein paar Jahren gibt es in Deutschland wieder freilebende Wölfe.
3 Darüber wird viel diskutiert.
4 Es gibt viele Argumente dafür und auch dagegen.
5 Wölfe sorgen für ein Gleichgewicht im Ökosystem.
6 Sie jagen zum Beispiel kranke Tiere.
7 Wölfe sind auch faszinierende Tiere. Es gibt viele Geschichten über sie.
8 Es gibt aber auch Menschen, die Angst vor Wölfen haben.
9 Bauern sind oft gegen die Ansiedlung der Wölfe.
10 Sie haben Angst, dass der Wolf ihre Nutztiere angreift.
11 Es ist wichtig, eine gute Lösung zu finden.
12 So, dass Tier und Mensch geschützt sind.

8. Würdest du bei einer Diskussion für oder gegen freilebende Wölfe in Deutschland sprechen? Kreuze an.

~~dafür~~ dagegen

Die Eisbecher

1. Höre dir den Text zweimal an.

2. Lies die Wörter. Trage die fehlenden Buchstaben ein.

Sch_o_k_o_lade   Erd_b_eer_e_   V_a_nill_e_   Min_z_e

Stracci_a_tell_a_   Himbeer_e_   Pista_z_ie

3. Lies die Wörter schnell.

Wahl allem Vanille sich Entscheidung Eissorten
Entscheidung Wahl allem Eissorten Vanille sich
allem Eissorten Wahl Vanille sich Entscheidung

4. Setze die Wörter am Zeilenende beim Lesen in die Lücke ein. Lies den Text halblaut.

Wer die ? hat, hat die Qual!	Wahl
Vor ? in der Eisdiele!	allem
Es gibt so viele verschiedene ? zur Auswahl.	Eissorten
Schokolade, Erdbeere, ? , Minze und Pistazie.	Vanille
Für was soll man ? da bloß entscheiden?	sich
Und dann auch noch die ? im Becher	Entscheidung
oder in der Waffel?	

5. Markiere die Wortgrenzen. Schreibe die Wörter auf die Linien und lies sie zweimal.

WAHL|QUAL|EISDIELE|VIELE|EISSORTEN|AUSWAHL|MINZE|PISTAZIEN

WAHL QUAL EISDIELE VIELE EISSOIRTEN AUSWAHL MINZE PISTAZIEN

WAFFEL|STREUSEL|SAHNE|LECKER|SOMMER|GLÜCK

WAFFEL STREUSEL SAHEN LECKER SOMMER GLÜCK

6. Lies den Text zweimal halblaut.

Wer die Wahl hat, hat die Qual!
Vor allem in der Eisdiele!
Es gibt so viele verschiedene Eissorten zur Auswahl.
Schokolade, Erdbeere, Vanille, Minze und Pistazie.
Für was soll man sich da bloß entscheiden?
Und dann auch noch die Entscheidung im Becher oder in der Waffel?
Vielleicht ein Becher mit Stracciatella und Himbeere?
Oder doch lieber Mango und Joghurt in der Waffel?
Mit Streusel, Sahne oder Schokoladenüberzug?
Die fertigen Eisbecher sind auch lecker und haben oft so tolle Namen.
Es gibt Schokoliebe, Früchtetraum oder Sommerglück.
Was wählst du?

7. Was ist dein Lieblingseis und dein Lieblingseisbecher? Schreibe auf.

Musterlösung: Mein Lieblingseis ist Himbeere. Mein Lieblingseisbecher muss Schokolade und Sahne enthalten.

Der Klimawandel

1. Höre den Text zweimal an.

2. Lies die Wörter silbisch.

die Treib haus ga se

der Mee res spie gel

die Eis ber ge

die Baum woll ta schen

die Pfand fla schen

3. Lies die Wörter.

Klima	Wandel	Klimawandel
Treibhaus	Gase	Treibhausgase
Meer	Spiegel	Meeresspiegel
Eis	Berge	Eisberge
Baumwolle	Taschen	Baumwolltaschen
Pfand	Flaschen	Pfandflaschen

4. Lies die Sätze.

Die Gase erwärmen die Luft.
Das Klima verändert sich.
Kann man die Veränderung des Klimas stoppen?

5. Erkennst du die Wörter? Lies die Sätze richtig.

Die Gs rwärmn d Lft.
Ds Klm vrändrt sch.
Knn mn d Vrändrng ds Klms stppn?

6. Ein Wort ist falsch. Lies die Sätze und streiche die falschen Wörter durch.

Wir alle ~~künnen~~ können helfen, den Klimawandel zu stoppen.

Gemeinsam können wir ~~wer~~ die Erde schützen und für die Zukunft sorgen!

7. Lies den Text zweimal halblaut.

Klimawandel bedeutet, dass sich das Klima auf der Erde verändert. Das Klima verändert sich, weil viele Treibhausgase in der Luft sind. Treibhausgase entstehen z. B. durch Auto fahren, Flüge und Fabriken. Diese Gase machen die Erde wärmer. Durch diese Erwärmung schmelzen die Eisberge und der Meeresspiegel steigt. Auch das Wetter verändert sich: Es gibt mehr Stürme, Trockenheit und Überschwemmungen. Wir alle können helfen, den Klimawandel zu stoppen. Fahrrad fahren, Baumwolltaschen benutzen und Pfandflaschen kaufen sind Beispiele dafür. Gemeinsam können wir die Erde schützen und für die Zukunft sorgen!

8. Wie kann man das Klima noch schützen? Hast du Ideen? Schreibe auf.

Musterlösung: Man kann Energie sparen, indem man das Licht ausschaltet, wenn man den Raum verlässt.

Die Geige

1. Höre dir den Text zweimal an.

2. Ein Wort kommt nicht im Text vor. Streiche es durch.

Körper Hals Steg Schnecke Finger Saite Töne ~~Schmetterling~~ Geige

3. Lies die Wörter untereinander schnell.

ist	ein	aus	und	am	es	von
ein	aus	ist	und	von	es	am
aus	und	ein	ist	am	es	von
es	ein	aus	von	und	am	ist
von	ein	ist	aus	und	am	es

4. Lies die Wörter flüssig.

das Instrument das Holzteil das Griffbrett aufgerollt festgemacht

5. Lies die Wörter und setze sie dann in den Satz ein.

Finger Hals Holzteil Körper Geige

Eine *Geige* ist ein besonderes Instrument.

Sie besteht aus *Körper*, Hals, Saiten, Griffbrett, Steg und Schnecke.

Der Körper ist das große *Holzteil*.

Der *Hals* ist der lange Teil, an dem die Saiten festgemacht sind.

Das Griffbrett ist oben am Hals. Dort setzt man die *Finger* auf.

6. Lies den Satz.

Manchmal kann es sein, dass die Geige wunderbare Töne von sich gibt.

7. Lies den Text zweimal halblaut.

Eine Geige ist ein besonderes Instrument. Sie besteht aus Körper, Hals, Saiten Griffbrett, Steg und Schnecke. Der Körper ist das große Holzteil. Der Hals ist der lange Teil, an dem die Saiten festgemacht sind. Das Griffbrett ist oben am Hals. Dort setzt man die Finger auf. Die Schnecke ist ganz oben am Hals, dort sind die Saiten aufgerollt. Dann gibt es noch den Steg. Dieser hebt die Saiten an. Und dann gehört noch der Bogen dazu, mit dem man über die Saiten streicht. Wenn man das alles beherrscht, kann es sein, dass die Geige wunderbare Töne von sich gibt.

8. Kennst du berühmte Geiger oder Geigerinnen? Schreibe auf.

Musterlösung: Ich kenne den berühmten Geiger David Garret und die berühmte Violinistin Hilary Hahn.

Digital+ | Audio
WES-133630-019

Fake News

1. Höre dir den Text zweimal an.

2. Lies die Wörter. Trage die Anzahl der Silben ein.

Informationen	Nachrichten	inzwischen	Videos
6	*3*	*3*	*3*
realistisch	Medien	beeinflussen	Angst
4	*3*	*4*	*1*

3. Verbinde die Satzteile miteinander und lies die Sätze mehrfach halblaut.

- Fake News sind — falsche Informationen.
- Fake News und diese Videos — werden oft in den sozialen Medien geteilt.
- Fake News können — Angst und Verwirrung auslösen.

4. Lies genau! Kreuze den richtigen Satz an.

___ Deshalb ist es nicht wichtig, kritisch zu sein und alles zu glauben, was man liest oder sieht!

___ Deshalb ist es wichtig, unkritisch zu sein und alles zu glauben, was man liest oder sieht!

X Deshalb ist es wichtig, kritisch zu sein und nicht alles zu glauben, was man liest oder sieht!

5. Erkennst du das Wort? Schreibe es dahinter.

Nachrichten   Videos   Angst   Verwirrung

die Verwirrung

die Angst

die Nachrichten

die Videos

6. Lies den Text über Fake News mit einem Partner oder einer Partnerin im Lesetandem.
Lest also den Text gleichzeitig und übt so lange, bis ihr ihn richtig gut könnt.

Fake News sind falsche Informationen, die oft wie echte Nachrichten aussehen. Inzwischen gibt es auch viele Videos, die nicht realistisch sind. Diese sind durch KI gemacht. Fake News und diese Videos werden oft in den sozialen Medien geteilt. Dadurch beeinflussen sie viele Menschen. Fake News können Angst und Verwirrung auslösen. Deshalb ist es wichtig, kritisch zu sein und nicht alles zu glauben, was man liest oder sieht! Schau immer genau, schalte deinen Kopf ein und überprüfe die Informationen. Wenn du unsicher bist, frage Freunde, Eltern oder deine Lehrer und Lehrerinnen.

7. Woran erkennst du Fake News, wenn du sie in den Medien liest? Schreibe auf.

Musterlösung: Ich erkenne Fake News an reißerischen Überschriften und fehlenden Quellen.

Lesen

1. Höre dir den Text zweimal an.

2. Lies die Wortgruppen langsam.

ein Buch	in die Hand nehmen
viele Abenteuer	erleben
neue Freunde	treffen
über die Welt	lernen
in der Umwelt	zurechtfinden

3. Welche Wörter kommen im Text vor? Kreise ein.

Wirtschatz	(Wortschatz)	Wertschatz	Wurtschatz
(Fähigkeit)	Fahrigkeit	Fuhrigkeit	Fohrigkeit
Abentier	Abenteuen	(Abenteuer)	Aderteuer
(Umwelt)	Umwie	Umwalt	Umwelm

4. Lies die Wörter von oben nach unten. Versuche, auch die langen Wörter auf einen Blick zu lesen.

du	unterwegs
das	erweitern
liest	sprechen
lesen	wichtige
wenn	lernen
besser	besser
lernen	wenn
wichtige	lesen
sprechen	liest
erweitern	das
unterwegs	du

5. Ein Wort passt nicht. Streiche es durch.

lernen lernen lernen lernen lernen lernen lernen lernen ~~lesen~~ lernen
lesen lesen lesen lesen lesen lesen ~~lernen~~ lesen lesen lesen
Spaß Spaß Spaß Spaß Spaß Spaß ~~Spatz~~ Spaß Spaß Spaß

6. Lies den Text zweimal halblaut.

Du kannst jetzt besser lesen! Das ist großartig. Vielleicht nimmst du ab jetzt lieber ein Buch in die Hand? Wenn du liest, kannst du Abenteuer erleben, neue Freunde treffen und viel über die Welt lernen. Je besser du lesen kannst, umso mehr Spaß macht es. Durch das Lesen kannst du deinen Wortschatz erweitern und dadurch auch besser sprechen. Wenn du gut lesen kannst, findest du dich auch besser in deiner Umwelt zurecht. Auch wenn du online bist, hilft es dir, wenn du gut lesen kannst. Es ist eine wichtige Fähigkeit, die dir in der Schule und im Leben hilft.

7. Lies die Sätze und ergänze die fehlenden Wörter im Kopf.

Je besser du ? kannst, umso mehr ? macht es.

Wenn du ? , kannst du viel über die ? lernen.

Lesen können hilft dir in der ? und im Leben.

8. Wie gut liest du inzwischen? Setze ein Kreuzchen.

1 2 3 4 5 X 6 7 8 9 10

1. Lies den Text. Stoppe die Zeit, die du dafür benötigst.

Die Klassenfahrt – einfach

Noch vier Wochen bis zu den Ferien! Das ist noch lang, aber vorher machen wir noch eine Klassenfahrt. Wir durften abstimmen, wohin wir fahren. Es gab zwei Angebote: Rudern am Bodensee oder Klettern und Wandern im Schwarzwald. Wir haben uns für das Klettern und das Wandern entschieden. Wir fahren mit dem Zug. Alle freuen sich schon, die Aufregung ist groß! Jeder darf einen Koffer und eine große Tasche mitnehmen. Hoffentlich reicht es für die ganzen Sachen! Unsere Lehrerin hat uns die Regeln erklärt. Regeln müssen auf so einer Fahrt sein. Es wird bestimmt lustig und aufregend – ein toller Abschluss zum Schuljahr!

2. Berechne deine Lesegeschwindigkeit.
Nutze dieses Vorgehen:

Anzahl der gelesenen Wörter : Gelesene Zeit = Wörter pro Minute

z. B. *104 Wörter : 2 Minuten = 52 Wörter pro Minute*

104 Wörter : ______ Minuten = ______ Wörter pro Minute

3. Hast du alles richtig verstanden?
Kreuze die richtige Antwort an.

Wie lange dauert es noch bis zu den Ferien?

- [ ] Bis zu den Ferien dauert es noch fünf Wochen.
- [ ] Es sind bereits Ferien.
- [x] Bis zu den Ferien dauert es noch vier Wochen.

Was ist noch vor den Ferien geplant?

- [ ] Vor den Ferien ist noch ein Klassenfest geplant.
- [x] Vor den Ferien ist noch eine Klassenfahrt geplant.
- [ ] Vor den Ferien ist noch ein Kinobesuch geplant.

Wohin geht die Reise?

- [ ] Die Reise geht an den Bodensee.
- [x] Die Reise geht in den Schwarzwald.
- [ ] Die Reise geht ans Meer.

Check! ✓

Ich kann Texte flüssig lesen und verstehe den Inhalt.
Wie sicher fühlst du dich in diesem Thema? Bewerte dich selbst auf einer Skala von 1 (unsicher) bis 10 (sehr sicher).

1 — 2 — 3 — 4 — 5 — 6 — 7 — 8 — 9 — 10

1. Lies den Text. Stoppe die Zeit, die du dafür benötigst.

Die Klassenfahrt – schwierig

Noch vier Wochen bis zu den Ferien! Das ist noch lang, aber vorher gehen wir noch eine Woche auf Klassenfahrt. Die Vorfreude ist riesig! Wir durften abstimmen, wohin die Reise gehen soll. Wir konnten zwischen zwei Angeboten wählen. Angebot 1: Rudern an einem See / Konstanz am Bodensee Angebot 2: Klettern und Wandern im Schwarzwald / Freiburg. Wir haben uns für das Klettern und Wandern entschieden. Es wird eine Bergbesteigung geben und eine Nachtwanderung. Ob das wohl alle durchhalten? Bestimmt wird es anstrengend, aber auch lustig und aufregend. Viele von uns überlegen schon, was sie alles einpacken. Auf jeden Fall brauchen alle feste Schuhe und eine Regenjacke. Falls es regnet! Jeder darf auf die Zugfahrt nur einen Koffer und eine große Tasche mitnehmen. Unsere Lehrerin hat uns auch die Regeln für die Fahrt gegeben. Ganz ohne Regeln geht es leider nicht, aber es wird bestimmt super! Das ist ein toller Abschluss zum Ende des Schuljahres.

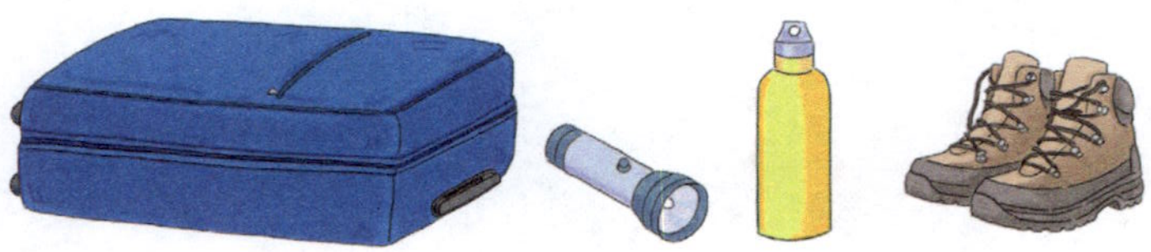

2. Berechne deine Lesegeschwindigkeit.
Nutze dieses Vorgehen:

Anzahl der gelesenen Wörter : Gelesene Zeit = Wörter pro Minute

z. B. *158 Wörter : 2 Minuten = 79 Wörter pro Minute*

158 Wörter : _______ Minuten = _______ Wörter pro Minute

3. Hast du alles richtig verstanden?
Kreuze die richtige Antwort an.

Auf was freuen sich die Schülerinnen und Schüler?

- [X] Die Schülerinnen und Schüler freuen sich auf eine Klassenfahrt.
- [ ] Die Schülerinnen und Schüler freuen sich auf ein Klassenfest.
- [ ] Die Schülerinnen und Schüler freuen sich auf einen Kinobesuch.

Mit was fahren die Schülerinnen und Schüler auf Klassenfahrt?

- [ ] Die Schülerinnen und Schüler fahren mit dem Auto.
- [ ] Die Schülerinnen und Schüler fahren mit dem Bus.
- [X] Die Schülerinnen und Schüler fahren mit dem Zug.

Wie viel Gepäck darf jeder mitnehmen?

- [ ] Jeder darf einen Koffer und eine kleine Tasche mitnehmen.
- [ ] Jeder darf nur einen Koffer mitnehmen.
- [X] Jeder darf einen Koffer und eine große Tasche mitnehmen.

Check!

Ich kann Texte flüssig lesen und verstehe den Inhalt.
Wie sicher fühlst du dich in diesem Thema? Bewerte dich selbst auf einer Skala von 1 (unsicher) bis 10 (sehr sicher).

1 – 2 – 3 – 4 – 5 – 6 – 7 – 8 – 9 – 10

Löser zur
ISBN 978-3-14-**133630**-6

www.westermann.de